ビジネスパーソン&スポーツパーソン

丸山 博司
Maruyama Hiroshi

企業が求める人材

SIBAA BOOKS《シバブックス》

スポーツパーソンにこの本を推薦します

筑波大学バスケットボール部監督の吉田でございます。

筑波大体育会学生バスケットボール部ほかは今年で5回目になりますが、毎年3月、男女、新4年生、3年生、監督、コーチ、マネージャー、部関係者含め約50名～60名程度を対象に丸山先生の講話を就活セミナーとして受講しています。

そのセミナーを本にして出版されると聞き、非常に喜んでいます。

学生は、このままスポーツを続けていて社会に出て役立つのだろうか。就職出来るのだろうか。そもそも会社とはどういう仕事をしているのだろうか。スポーツをしていることが役立つのだろうか。と不安を感じています。

そしてまた、どのスポーツもそうですがプロ化が進み、第2の就職、セカンドキャリアを心配する人達が多くいるのが現状です。

そうした、たいへん大きな不安に応えて、丸山先生の貴重なスポーツと仕事の経験から得た現実的な、具体的な打開策、進むべき道を示唆しているがこの本だと思います。

いまスポーツ界はプロ化、事業化がすすみ、スポーツ振興には素晴らしいことですが、反面スポーツ関係者が社会的問題を起こすことが少なくありません。

少しオーバーですが、スポーツ界への警告として、スポーツパーソンの導入教育に役立てばと、スポーツに取り組む心がけまで書かれています。スポーツパーソンに読んで勉強になる本として推薦したいと思います。

筑波大学バスケットボール部監督　吉田　健司

(全日本大学バスケットボール選手権大会２０１５・２０１６・２０１７年三連覇の筑波大学バスケットボール部監督)

読者の方々へ

本書は二〇一八年一一月二七日に開催された「エス・イー・シーエレベーター株式会社（以下SECエレベーターと略記）第四九期第二回全国勉強会」における講演をもとに文章化し、さらに大幅な加筆、修正などを加えて再構成したものです。話し言葉を基調としているのはそのためです。このときの講演タイトルは、本書のサブタイトルにもなっている『企業が求める人材』でした。

この講演タイトルにあるように、社員研修用として多くのビジネスパーソンに読んでいただきたいと願ってやまないところです。それと同時に、私としてはぜひ多くのスポーツパーソンにも読んでいただきたいと思っています。ビジネスの世界に半世紀以上にわたってかかわってきた私ですが、学生時代から同じく半世紀以上にわたってスポーツの世界にも深くかかわってきました。こうした考え方はその経験から生まれたものにほかなりません。

最近スポーツ関係者によって引き起こされる社会的な問題が散見されます。その背景には、スポーツでプロ化、幼児化（五～六歳）が進み、スポーツ振興が推進されている動向があります。このことが各分野での発展に寄与していることは喜ばしい限りですが、その半面で、スポーツ一辺倒に専念できる優遇的な環境に甘えている関係者が多いのではないでしょうか。そして、指導する側も唯我独尊で、勝利第一主義に走るあまり、文武両道の心得、心技体の調和を教える機会が少ないように思われます。

一般の人が社会人としての常識を身に付けるために勉強している時間を彼らは練習と試合に当てている。「一日の三分の一は睡眠、三分の一は仕事か勉学、三分の一は生活と遊び」というのが一般人であれば、「三分の一は睡眠、三分の一はスポーツ、三分の一は生活と遊び」では失格で、「生活と遊び」の時間を削って社会人としての常識を身に付けるための勉強をしなくてはなりません。果たしてその覚悟ができているでしょうか。

スポーツに専念できるのは、たくさんの人々の物心両面の支援があり、練習や試合のための施設を膨大な費用で造り維持している国をはじめとするバックアップがあってこそです。それゆえにこそ、私はスポーツパーソンは公人であると断言してはばかりません。また、それゆえにこそ、公人らしく自覚と誇りを持ってほしいと望んでやみません。

特に現在、体育会系の学生など専門的に打ち込んでいるスポーツパーソンの間でセカンドキャリア（スポーツをリタイアしたのちの第二の人生における職業）を心配する人たちが多いように聞きます。安定化したセカンドキャリアを得るためにも、この本が参考になればと思っています。

いずれにせよ、企業が求める人材、社会が求める人材、スポーツ界が求める人材、すべて共通です。本書で詳しく述べる〝八つの能力〟を兼ね備えた常識人であり、考えることができる人材であること。これに尽きます。

本書で私がもっとも伝えたいことは、この「考える」ことの大切さです。では、どうすれば考えることができるようになるのか。答えは簡単です。思考力を付けることです。では、どうすれば思考力を付けることができるようになるのか。また、思考力が付いたら、次にどのような論理思考、どのような論理過程、どのような手段で考えていけば目標が達成できるのか。これらを具体的事例を示しながら追求し、「考える」ことを深く掘り下げたつもりです。

その意味で、この本をビジネスパーソンのみならずスポーツパーソンを対象にした導入教育のテキストとしても供することで、人間として物事を広い視野で考えられる、そしてそれを実行できる、紛うことなく社会に貢献し得る人材の輩出の一助になればと祈念する次第です。

※本書では、一部を除いて、サラリーマンやビジネスマンを「ビジネスパーソン」、スポーツマンを「スポーツパーソン」という用語に統一することを原則にしています。

はじめに

二〇一四年四月七日。ＳＥＣエレベーター鈴木孝夫会長七一歳の誕生会にお招きいただきました。その席で私が述べた祝辞の要旨をここにご紹介します。

十数年来仕事を通じてそのお人柄に親しく接する一人としていつも感じていることは、鈴木会長は社員のことを常に考え、人の話をよく聞かれ、会社が困っていることは何だということを絶えず追求し、明るく前向きに挑戦しておられることです。その姿勢には大変に感心させられます。

いま日本は、少し豊かになり現状維持派が多く保守的な考え方が強くなり、改革のスピードという点では諸外国から遅れているのではないでしょうか。エレベーターメンテナンス業界においても、大手会社の寡占と保守的な体制が続いていていました。そんな中、SECが革新の風穴を開け、社会から高い評価を得た。この点について前々から尊敬していましたし、会長の日頃の姿を見て、なるほどなと感心しているところです。

トヨタ自動車名誉会長の豊田章一郎氏はかつて「メーカーとして、ものづくりを通じて社会に貢献するには、創造・挑戦・勇気が必要だ」と述べられました。鈴木会長はまさにこの創造・挑戦・勇気を実践しておられるように思います。

〝日本資本主義の父〟と称される渋沢栄一氏は、かつて「四〇、五〇歳は洟垂《はなた》れ小僧。六〇、七〇歳は働き盛り。九〇歳になって迎えが来たら、一〇〇歳まで待てと追い返せ」と言われたそうです。この偉人のひそみに倣《なら》って、ますます元気でがんばってください。

このとき述べた私の考えも、鈴木会長のお人柄も、いまもってまったく変わりがありません。実は、私が大学で『企業が求める人材』と題した就活セミナーを十数年来続けていることを鈴木会長にお話しし、その内容をかいつまんでご紹介したところ、それは自分が常日頃社員に話していることと同じだ、とご賛同いただきました。

そのとき披露していただいたひとつに同社社訓があります。

社　訓

一つの感謝を終生忘れぬ事
一口の言葉を噛《か》み締める事
一つの行儀の挨拶から行動に移る事
一つの貨幣の重さを尊く思う事
一握りの食物をも無駄にしない事
一段ずつの階段を昇りきる精神を養う事
一つ手前の能力を出しきる事
一つの安らぎを素直に受ける事
一つの苦しみを反省の念にする事
一つの行ないが万人に尊敬される事
心と行動と敏速が答である

鈴木 孝夫

もうひとつ披露していただいたのは「鈴木語録」と呼ばれているメモです。これは鈴木会長が日頃よくお話しになっている内容をまとめたものということでした。

一、求められる人間、求められる会社、求められる国でありたい。
一、挨拶は相手の目を見ながら、真心をこめて、明るく、大きな声でする。
一、情熱をもってやり遂げた仕事は人生の歓びでもある。
一、相手の気持ちを理解するには、日々の研鑽と鍛練が必要である。
一、あらゆる局面を想定して実行した成果は、物欲よりも満足感を得ることが出来る。
一、真実で目的をやり遂げた場合は企業と人間を更に成長させる。
一、競争社会を勝ち抜く為には、日々の努力と改革が必要である。
一、黙っている事は嘘の根源である。
一、社員一人一人が会社を代表する気持ちで業務に専念する事。

そのあとで、ぜひ社員研修の場であらためて講演してもらえないだろうか、との要請を承りました。本日この場に立たせていただいたのはそういういきさつがあってのことです。

ＳＥＣエレベーターの会社説明の中に「鈴木会長は創業以来社員教育を欠かさない」という一節があります。そんなすばらしい会社の社員のみなさんに本日講演できることは、名誉であり光栄に存じます。ご期待に応えられるよう内容の濃い中身にしたいと思っています。

目次

読者の方々へ……3
はじめに……7
不確定時代にどう生きるか……16
(1) 第三の道……20
(2) 「エゴ」と「エヴァ」……22
(3) 資源は有限……24
(4) 国際機関の弱体化……25
(5) 強国一極集中……25
(6) 文明の衝突……27
(7) 過度な数値化、基準化……27
(8) 金融通貨、資源、核戦争……28

目　次

（9）データの時代……29

不確定時代にやることとは……30

（1）原点に戻り差別化できるもの……32

（2）明確な目標と準備……34

（3）良好な人間関係とコミュニケーション……35

個人に考えさせていること……36

社会常識と礼・信・仁・義……42

（1）IT……43

（2）人脈……48

（3）新聞……48

（4）月刊・週刊誌……48

（5）セミナー……49

（6）本……49

（7）テレビ……50

企業はどういう人材を求めているか……51
人間関係、視野・識見、職務知識を身に付ける……56
（1）人間関係……57
（2）視野・識見……59
（3）職務知識……61
テレビから何を学ぶか……64
本を通して歴史と賢者に学ぶ……68
資格をできるだけ取る……75
大脳生理学を学ぶ……79
リーダーになるときの心がけ……85
営業マンに望むこと……88
会社生活をしていて役立った教訓……96

目　次

運のよくなる一〇か条……110
私の会社像について……115
会社の論理過程と論理思考……118
営業部門の論理展開……124
スポーツ分野での論理展開……131
目標達成は思考力できまる……139
強いチーム、強い会社をつくるには……144
監修の言葉……150
あとがき……152

不確定時代にどう生きるか

（21ページ参照）

いきなり大上段に構えるようですが、みなさんはいまの世の中の流れ、あるいはトレンドをどのように捉えていらっしゃるでしょうか。

地球温暖化対策は、世界中の国々にとって全力で取り組むべき重要な、喫緊の課題です。CO2などの温室効果ガスを相当程度減らさないと、異常なペースで進む海面上昇によって海抜〇～一メートルの地域は海に沈む危険にさらされている。イタリアのベニスやオセアニア地域の小さな島国にとっては存亡の危機です。仮に海面が一メートル上昇すると、マーシャル諸島は国土の八〇パーセントが沈没すると予測されています。また、バングラデシュでは国土の一八パーセントにあたる二万六〇〇〇平方キロメートルの低地が沈むといわれていて、これは岩手県と青森県を合わせた面積に相当します。

二〇一六年一一月に発効した気候変動抑制に関するパリ協定のもとで、エネルギー供給と使用に関して、各国では温室効果ガスの排出量を削減する低炭素化の政策が強力に進められています。日本はパリ協定締結国による第一回会議に正式メンバーとして参加することが叶いませんでした。そんな中で、アメリカのトランプ大統領は「地球温暖化は国際協調主義者によるでっちあげだ」と批判し、世界第二位の温室効果ガス排出国であるアメリカは、二〇一七年六月にパリ協定からの離脱を表明しました。

離脱といえば、かたやヨーロッパでは、イギリスが未曽有の難民危機やテロの続発を受けて、開かれた国境という理想を掲げながらも統治能力、危機対処能力が欠如しているEUから離脱するようです。

資本主義の代表格であるアメリカとイギリス。両国は疲弊している、と私には映ります。ベルリンの壁崩壊以来、資本主義が文字通り世界を牛耳る時代になると思われたが、両国は勤勉な労働を忘れて金融経済へ走り、いまやトランプ大統領は強国主義を推し進め、ワンスタンダードで世の中を治めようとしている。貿易政策についても自国ファースト。保護主義が台頭し、分断の時代に後戻りかとも言われている。商売は売る人、買う人だけが良ければいいんだ、といわんばかりの発想ではないかと批判する人も多い。対中国をはじめとする貿易戦争はますます熾烈になっています。あとで詳しく述べますが、むかしの日本には「近江商人三方良し」という名言がありました。売る人、買う人だけでなく社会の発展や福利の増進に貢献してこそはじめて良い商人といえる。その精神を説いてあげたい気持ちにもなります。

離脱問題で揺れているのはパリ協定とEUばかりではありません。核不拡散条約からは北朝鮮が以前から脱退を宣言していますし、そもそも核保有国のインド、パキスタン、イスラエルは加盟さえしていません。イランと米英仏独中ロが二〇一五年に結んだいわゆるイラン核合意に対しては、トランプ大統領が「致命的な欠陥がある」と非難し、二〇一八年五月に合意を離脱してイランへの制裁を再開しました。さらに、トランプ大統領はロシアとの間に結んだ中距離ミサイル全廃条約の破棄を通告。これを受けてロシアのプーチン大統領も条約義務履行の停止を宣言しました。核拡散防止条約は機能停止に陥っています。また、日本が国際捕鯨取締条約からの脱退を通告したのは記憶に新しいところです。

ほかの問題や地域に目を移せば、中近東では、想像に絶するほどの民族対立と宗教戦争が続いていて、虐殺や貧困のニュースがあとを絶ちません。中国は世界第二位の経済大国に上り詰め、今や世界は米中二強体制かと言われている。その中国は計画的経済政策のもとに〝一帯一路〟を進めています。シルクロード経済ベルトと二一世紀海洋シルクロードを使って途上国の開発をサポートするすばらしい経済圏構想です。ただし、低金利で経済支援をするという志はいいんですが、現地の人は雇わないで中国から人を派遣して仕事を進める。その国がお金を返済できないと、土地を含め港湾機能を全部没収すると新聞記事などに載っている。

いまだに領土拡大に意欲をみなぎらせているのが、その中国とロシアです。台頭する新興国との対立は一種の文明衝突にも映る。前記した北朝鮮の核の問題もそうした側面で捉えることもできるでしょう。こうした混乱をさらに複雑にしているのは何か、と考えると、さまざまなファクターが脳裡をよぎります。インターネットによる過度の情報化。データの時代、米国、中国ＩＴ企業の巨大化。過度のデジタル化と数字偏重。過度の標準化と偏差値万能。これにムーディーズやスタンダード＆プアーズといった国際的な会社格付け機関の台頭による株価第一主義も含まれるでしょう。まさしくグローバルな不確定時代といっていいのではないでしょうか。

こうした世界の動向を考察すると、私は次のような九項目がキーワードになるのではないかと考えています。

(1) 第三の道

資本主義か社会主義か、という二者択一の時代ではもはやありません。これからどういう道を歩めばいいのか。第三の道というのを世界各国が模索しているような状況だろうと思います。

資本主義のトップであるアメリカとイギリスが疲弊してしまったのはなぜでしょうか。いろいろな見方がありますが、やはり金融経済へ走ったことではないかと考えられます。語弊があるかもしれませんが、金融というのは人のお金を右から左へ移すことによって金利で儲けていくシステムです。いわば、汗をかかないで済む商売。労働、雇用ということを忘れてしまっている。アメリカとイギリスはそういうぬるま湯になじんでしまったのではないか。また、自由、民主主義が独裁、大衆迎合主義(ポピュリズム)に揺らいでいる。

一方で、社会主義国家の統制経済はどうでしょうか。計画的に都市開発を進める上では、

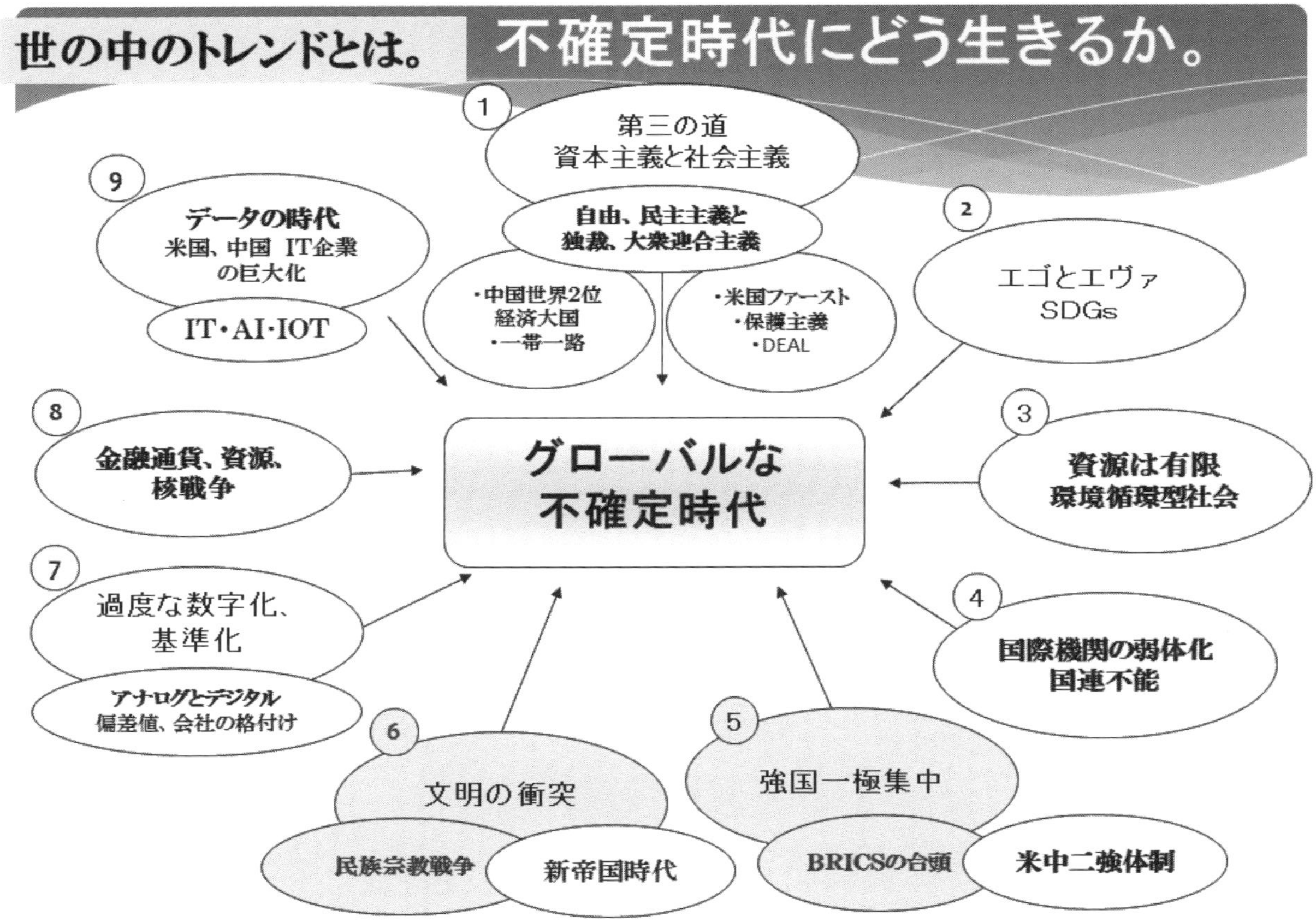
世の中のトレンドとは。
不確定時代にどう生きるか。
グローバルな
不確定時代
1
第三の道
資本主義と社会主義
自由、民主主義と
独裁、大衆迎合主義
・中国世界2位
経済大国
・一帯一路
・米国ファースト
・保護主義
・DEAL
2
エゴとエヴァ
SDGs
3
資源は有限
環境循環型社会
4
国際機関の弱体化
国連不能
5
強国一極集中
BRICSの台頭
米中二強体制
6
文明の衝突
民族宗教戦争
新帝国時代
7
過度な数字化、
基準化
アナログとデジタル
偏差値、会社の格付け
8
金融通貨、資源、
核戦争
9
データの時代
米国、中国 IT企業
の巨大化
IT・AI・IOT

大いに役に立つでしょう。土地の権利を個人が持っていませんから、この地区を開発するからよそへ引っ越していけという一言の命令でけりがつく。製造業についても、国から開発している人に補助金を出し、買う人にも援助金を出す。政治は共産主義、経済は自由主義、というダブルスタンダードが、いわゆるアンチノミー（二律背反）に陥る心配はないのか。中国の一国二制度に破綻、崩壊の心配はないのか。もしあるとすれば、言論の不自由さ、監視社会、広がる賄賂、権力欲、領土欲などがその引き金になるのではないでしょうか。

第三の道の中核となるべきは、やはり第二の国連です。〝心の国連〟〝エヴァ国連〟（次項参照）が強く求められるところです。

(2)「エゴ」と「エヴァ」

その中国政府がいまもっとも頭を悩ませているのは、前記の通り、役人が受け取る賄賂です。賄賂撲滅運動を展開しているものの、いっこうに収まりません。東南アジアでも、アンダーテーブルでバックマージンを出さない限りなかなか商売がまとまらない、という話をよく耳にします。

日産自動車元社長のカルロス・ゴーンさんは物質欲、権力欲、名誉欲を追いかけたというイメージがマスコミによって喧伝されていますが、もしそれが真実だとすれば、エゴの塊だったということになります。

宇宙語、というのをご存じでしょうか。ライトランゲージ（光の言語）とも呼ばれています。チャネリング（特別の能力を用いて霊的、精神的な世界と交流し、そのメッセージを一般人に伝えること）の一種です。他の惑星のエネルギー、あるいは精霊や大自然のエネルギーなどに意図的につながることで発せられる言葉で、人類のさらなる進化をサポートする言語と考えられています。この宇宙語で「エゴ」というのは、一般に我々が使っているエゴという言葉よりも意味深長で、物質文明、自然破壊、わがまま、対立、競争、物質欲、権力欲、金銭欲などを指します。対照語が「エヴァ」です。

「エヴァ」というのは協調愛、人生愛、自然愛、いたわり、やさしさなどを表し、環境保護や共生、調和、互恵などを基調にした精神文明のよりどころとなるべき言葉です。物質文明に基づく「エゴ」の時代はやがて破綻して「エヴァ」の時代に変わっていくといわれています。

自分だけ賄賂などのお金をもらって良い思いをしていいんだろうか、という恥じ入る発想は、儒教の世界にもあります。相憐れむという道徳観。こういう精神も「エヴァ」と呼ぶことができるでしょう。いまや圧倒的に「エゴ」の精神に負けているわけですが、究極的には、人間として「エヴァ」の精神が求められるようになるのではないでしょうか。

(3) 資源は有限

省エネが声高に叫ばれながらも、依然としてエネルギーはほとんど使い放題というのが実態です。電気を二四時間三六五日休みなく使う必要性が本当にあるのか。そんな生活に麻痺しているのではないか。消費文化、使い捨て文化に慣れ過ぎてはいないか。

メンテナンスや設備保全で物をいかに大切に使うかということをいまの社会は失念しているように見えます。その点、いま講演させていただいているSECエレベーターは「お客様第一」「社会に貢献できる」をモットーに、メンテナンスや設備保全でエレベーター業界の中核として確固たる位置を占めている。これは実に称賛に値します。

いうまでもなく資源は有限ですので、いずれ枯渇してなくなります。そうならないように、ある程度節約しながら、計画的に、大切に使わなければなりません。地球温暖化、海洋汚染も大きい問題です。３Ｒ（リデュース、リユース、リサイクル）を強化させ、再生可能エネルギーを積極的に導入して、環境循環型社会を形成しなければなりません。

（４）国際機関の弱体化

最近は後述のＳＤＧｓ（持続可能な開発目標）の発信などで汚名挽回の兆しも見えてはいるものの、総体的に見れば、近年は残念ながら国連が機能していません。その一方で、Ｇ７やＧ20でも重要なテーマについては何も決まらない。強国のエゴに押されて合意文書がまとまらない。これでいいのでしょうか。

（５）強国一極集中

強者の論理がまかり通っています。強国が押し付けるワンスタンダード。意地悪くいえばアングロサクソンスタンダード。彼らはルーラーを自認し、世界をなんとでも動かせる気になっている。中近東でもそうです。強者の側がこういうスタンダードで行くんだと押し付けてしまっているのではないでしょうか。

そういう強者に対して「いい加減にしろ!」と、張り合う国々が出てくるのも当然でしょう。やや旧聞に属しますがＢＲＩＣｓ（ブリックス）の台頭があります。末尾の小文字のｓは複数国の意味で、ブラジル、ロシア、インド、中国の四か国。二〇〇〇年代以降著しい経済発展を遂げている国々です。これに南アフリカ共和国を加える経済学者もいて、その五か国を表す場合はＢＲＩＣＳとすべて大文字で表記される。

事実、二〇一一年の首脳会議からは四か国に加えて南アフリカも参加し、二〇一四年にはこの五か国で一〇〇〇億ドルの資本金を持つ新開発銀行を中国の上海に設立することや、同じく一〇〇〇億ドルにのぼる外貨準備基金の設立を宣言しました。二〇〇三年から二〇一二年までの一〇年間の平均成長率は五か国合わせた平均で七パーセントに達し、特にインドは今後も比較的高い成長率を達成していくものと予想されています。中国はＧＤＰで日本を追い越し、米国に次ぐ、世界第二位の経済大国になっている。

（6）文明の衝突

民族間の諍《いさか》いや宗教戦争はいまもむかしも変わりません。いや、近年ますます激化しているようにさえ映ります。互いに相認め合う世界になるためにはどうすればいいのでしょうか。長い歴史が背景にあるだけに、また、憎悪や怨恨《えんこん》など人間の根源的な心理（これを哲学者ニーチェはルサンチマンと呼びました）が根に横たわっているだけに、一朝一夕には解決し得ないのでしょうか。

（7）過度な数値化、基準化

世の中は0か1か、白か黒かというオセロゲームのような様相を呈しています。会社の評価もＡＡＡからＣＣＣまでさまざまなランクで格付けされる。学生も偏差値中心で進学が決められる。仲間と遊んだり喧嘩をしたりするのも勉強のひとつでしょうが、それらはほとんど評価されない、学生の人間性があまり斟酌されないというのは、いかがなものでしょうか。

(8) 金融通貨、資源、核戦争

いまの世の中は金融経済で動いています。企業のトップに座っている人は経理畑出身で金目に強い人が多いようで、儲かるか儲からないかの判断が重視される。株価第一主義です。会社の価値、人間の価値というのはそれだけで判断できるものなのでしょうか。もっとそれ以外の側面を評価されるようになってこないといけないと思います。

いまの金融経済は、雇用を忘れてしまっています。ローマ帝国が滅んだのはなぜだと思いますか。パン(金)をよこせ、サーカス(暇)をよこせという声を抑えきれなくなったんですね。別の側面から見れば、いまはやることをやらないでパンとサーカスの権利を主張する世の中になっているのではないかとも思えます。

会社を評価するとき、これまでは金融、株価、財務中心でした。しかし、これからは企業の長期的な成長のためには、企業評価としてESGが大切だという動向が世界的に広がっています。ESGとはENVIRONMENT(環境)、SOCIAL(社会)、GOVERNANCE(企業統治)。環境保護に貢献しているか、社会に対してどういう貢献をしているか、企業統治がきちんとできているか、といった評価基準です。

(9)データの時代

ＩＴ、ＡＩ、ＩｏＴのデータ時代です。きわめて合理的に、スピーディに仕事ができるようになりました。一時期あれほどもてはやされたファクスなんかもうほとんど使われなくなりましたね。情報やデータのやりとりはインターネット経由であっというまに済んでしまう。地球の裏側ともまるで同じビルの隣室のような感覚でやりとりできる。スローライフが主唱される一方で、データ時代、米国、中国の「ＩＴ企業」が急激に巨大化されている。ますます利益、合理化、スピードへの偏重が推し進められそうです。

逆にいえば、グローバルで不確定な世の中であるからこそ、何が起きても不思議ではない時代になっているともいえるでしょう。

不確定時代にやることとは

（33ページ参照）

オーストリア人経営学者、ピーター・ドラッカーの著書を読むと、わかりやすい言葉でこういう時代に会社や個人はどうすればいいのかを示唆してくれます。

彼は欧米だけでなく日本の企業人や経営学者らに多大な影響を与えました。二〇〇五年に設立されたドラッカー学会は、彼の思想全般と経営理論の深化、継続、啓蒙、発展を図ることを目的とする学術団体で、ドラッカー自身から「もっとも親しい友人で、日本での私の分身」と言われた上田惇生氏（元経団連広報部長・ものつくり大学名誉教授）を中心に運営され、豊田章一郎（トヨタ自動車名誉会長）、伊藤雅俊（セブン＆アイ・ホールディングス名誉会長）、柳井正（ファーストリテイリングＣＥＯ）など実務界、学界を中心に発足し、現在は八〇〇名を超える会員を擁しています。年に一度研究年報『文明とマネジメント』を発刊しており、ドラッカー本人から設立の承認を受けた世界でも数少ない団体の一つです。

ベストセラーとして記憶に新しい通称『もしドラ』(正式タイトルは『もし高校野球の女子マネージャーがドラッカーの『マネジメント』を読んだら』)という小説は、公立高校の弱小野球部でマネージャーを務める女子高生が偶然手に取ったドラッカーの『マネジメント』の内容を部の意識改革に活かして甲子園をめざすという内容で、日本でのドラッカーのブームに一役買いました。

この『マネジメント』は彼の代表的な著書の一冊ですが、これがマネジメントという用語の発明者として知られる契機になりました。書かれたのは一九七三年ですが、従来の全体主義的な組織の手法を改めて自律した組織をつくる必要性を論じ、「成果をあげる責任あるマネジメントこそ全体主義に代わるものであり、我々を全体主義から守る唯一の手立てである」と前書きに述べられているメッセージはいささかも古びてはいないように思われます。

この本のポイントを私なりに大きく三点にまとめてみました。

（1）原点に戻り差別化できるもの

「原点に戻れ」とドラッカーは書いています。個人として差別化できる自分の武器となる能力は何か。会社にとって差別化できる特徴的な商品や技能は何か。手を胸に当ててそれを真剣に考えなさい、ということです。たとえばSECエレベーターの場合、日本全国四万八〇〇〇を超える保守契約台数を支える一〇〇〇名近くの技術スタッフが全国一五〇拠点に配備されている。このビッグスケールの技能集団は大変な財産です。それを差別化ポイントにして、より一層磨きをかけ、深掘りしていくことが、すなわち「原点に戻る」ということにつながるのではないでしょうか。

『戦略なき国家に明日はない』というのは伊藤忠商事元会長の瀬島龍三氏と経済学者の加藤寛氏の対談をまとめた本（一九九五年刊行）のタイトルですが、これはもしかしたらドラッカーの本から引用したのかもしれません。ドラッカーもまったく同じ表現で持論を展開しています。国家の生い立ち、歴史、いま置かれているポジションを考察すれば、将来進むべき方向が見えてくる。国家の生い立ち、歴史、いま置かれているポジションの考察

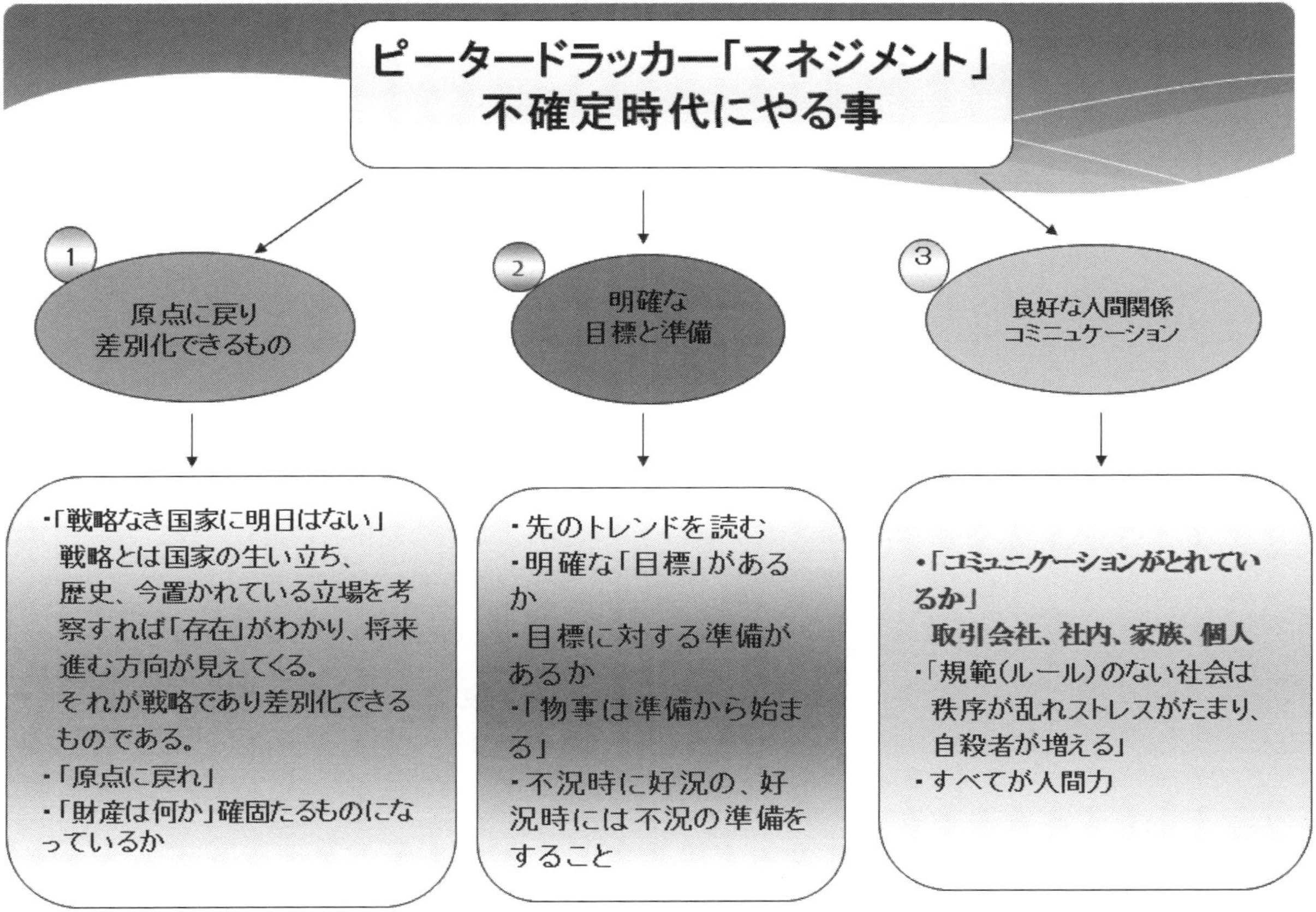

ピータードラッカー「マネジメント」
不確定時代にやる事
1
原点に戻り
差別化できるもの

・「戦略なき国家に明日はない」
戦略とは国家の生い立ち、
歴史、今置かれている立場を考
察すれば「存在」がわかり、将来
進む方向が見えてくる。
それが戦略であり差別化できる
ものである。
・「原点に戻れ」
・「財産は何か」確固たるものにな
っているか

2
明確な
目標と準備

・先のトレンドを読む
・明確な「目標」がある
か
・目標に対する準備が
あるか
・「物事は準備から始ま
る」
・不況時に好況の、好
況時には不況の準備を
すること

3
良好な人間関係
コミニュケーション

・「コミュニケーションがとれてい
るか」
取引会社、社内、家族、個人
・「規範(ルール)のない社会は
秩序が乱れストレスがたまり、
自殺者が増える」
・すべてが人間力

が戦略と差別化を生み出していく。彼はそう述べています。

(2) 明確な目標と準備

資本主義国か社会主義国かを問わず、世の中は少しずつ進歩しており将来は明るいんだという気持ちにならないとおもしろくないし、人間的な成長もありません。陰気な経営者が保守的でいまのままでいいんだと言っている限りは、その会社はおもしろくないし成長も望めない。もう少し別の新しいことをやっていこうぜ、と率先するようでなければなりません。先々のトレンドを読んで、それに基づいて新規事業に挑戦していく。そのこと自体に意義があるんだと、そんなふうに社員を鼓舞するような経営者がいれば、やはりみんな付いていきます。そうすれば会社が活性化し、収益も向上し、必然的に給与も上がるわけです。

二〇二四年度に発行される新一万円札の〝顔〟に抜擢された渋沢栄一氏は、『夢七訓』にこう書き残しています。

「夢なき者は理想なし。理想なき者は信念なし。信念なき者は計画なし。計画なき者は実行なし。実行なき者は成果なし。成果なき者は幸福なし。故に、幸福を求める者は夢なかるべからず」

そうしたこれから先の明確な目標を具体的にしっかり持っているか。その目標に対する準備があるか。ドラッカーはそれを問いかけている。「物事は準備から始まる」とも書いています。不況時に好況の、好況時には不況の準備をする。その大切さについても力説している。

（3）良好な人間関係とコミュニケーション

コミュニケーションがとれているか、とドラッカーは問います。それが人間力に通じるのだと。

人間には一人で生きる能力などは限られています。話し合いによって人間関係を良好なものにしてこそ能力が発揮できる。かつては会社の中の先輩後輩や上下関係で、あるいは取引関係で、さかんに対話したものです。ノミニケーションなどという造語にかこつけて、過度に飲み過ぎてしまうきらいもありましたが（笑）。スポーツの世界でも、昔ながらのスポーツの強い有名校はいまでは少なくなってきている。これも先輩が母校へ行って後輩たちに話しかける機会が少なくなったからではないでしょうか。家族間の対話も少なくなりました。仕事で忙しいから、家へ帰るとほとんどしゃべらない。個人主義があたりまえになって、むかしのように家族全員で食卓を囲むという団欒《だんらん》風景もあまり見られなくなったのではないでしょうか。果たして、それでいいのか。

「規範のない社会は秩序が乱れ、ストレスがたまって自殺者が増える」ともドラッカーは分析しています。規範すなわちルール。それとコミュニケーション。それを通じて人間力は培われるわけです。

個人に考えさせていること

（37ページ参照）

こうした不確定な、何が起きるかわからない時代。

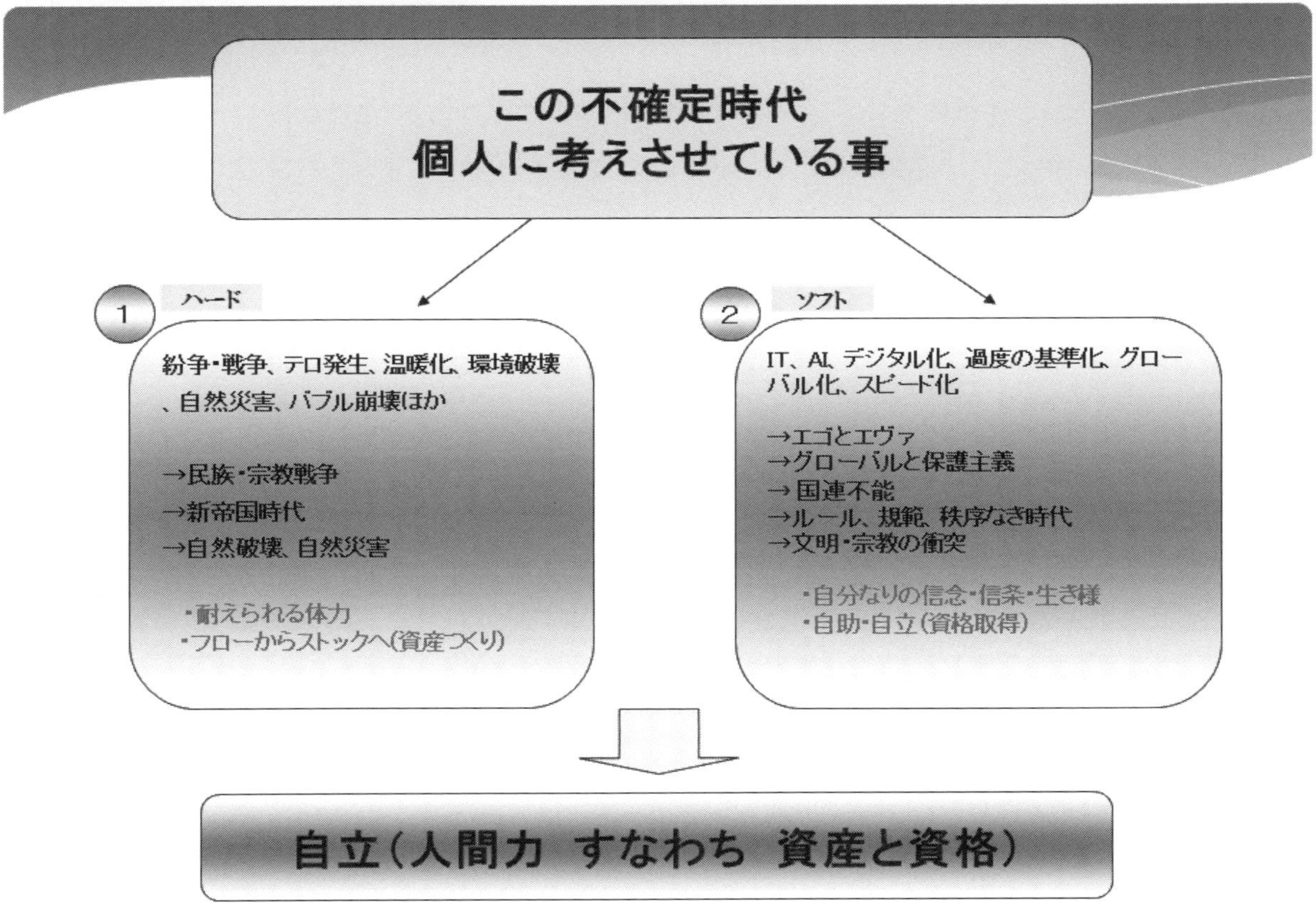
この不確定時代
個人に考えさせている事
1
ハード
紛争・戦争、テロ発生、温暖化、環境破壊、自然災害、バブル崩壊ほか
→民族・宗教戦争
→新帝国時代
→自然破壊、自然災害
・耐えられる体力
・フローからストックへ(資産つくり)
2
ソフト
IT、AI、デジタル化、過度の基準化、グローバル化、スピード化
→エゴとエヴァ
→グローバルと保護主義
→国連不能
→ルール、規範、秩序なき時代
→文明・宗教の衝突
・自分なりの信念・信条・生き様
・自助・自立(資格取得)
自立(人間力 すなわち 資産と資格)

民族紛争や宗教戦争、テロなどは日本では身に迫っているとはいえませんが、地球温暖化や環境破壊は実感できるでしょう。何より身近なのが豪雨、地震などの自然災害です。大災害に遭遇すれば何日もろくに食事もできないという状況に陥ることもある。ひと月程度ご飯を食べられなくても耐えられるくらいの体力を養え、と私は常々若い人たちに言っています。そのための健康管理を心がけよと。

資産運用の面でも、不確定な時代です。フロー型資産とストック型資産という概念があるのをご存じでしょうか。

フロー型資産は一般的に、株式投資やFXを運用して得た一回限りの収入のことを指します。いまは為替ひとつで資産が変わるんですね。キャッシュ、株などを総称してペーパー資産ともいいます。ストック型資産は確実で動かない財産。代表格は不動産です。欧米はやはりストック型資産が幅を利かせている。住宅など日本とは比べものにならないほど立派です。広い庭もプールもある。

私は学生時代にバスケットボールをやっていまして、海外遠征をしたときなど何度か自宅へ招待されましたが、そのたびに心理的なハンディキャップを感じました。広い家と庭、そしてプール。応接室にオーク材の分厚い机が置いてあって、祖父の時代から受け継いでいるのだという。それに、話していてわかるのは、文化と趣味と教養にお金を使っているということ。それは見えないストック型資産ともいえるのではないでしょうか。これがよく言われる「欧米はストックの文化、日本は使い捨てのフローの文化」なのか。自助・自立できるよう資格などは個人的にたくさん取得していて、欧米のバスケット仲間には会計士や弁護士などもいました。

もうひとつ大切なのは、どういう生き方をするんだ、どうやって自立するんだということです。世の中何があっても不思議ではない時代だから、自立するために自分の考え方、自分なりの信念・信条・生きざまをしっかりと持っているということがとても大切になってきているだろうと思います。人間力、資産、資格、こういうものを個人も会社もきちんと持たなければならない。

いささか余談になりますが、人の話、特にお年寄りの話をよく聞くと、それがストックになる。財産になるんです。最近の若い人はお年寄りの話を聞きませんよね。「また同じ話をしている」とあきれられて、そういうことが重なるとお年寄り自身も話すのが億劫になる。しかし、東日本大震災のあとでこういう話を聞きました。「海岸に近い低地のところには住んではいけない。あの丘地のほうへ住め」と昔からの言い伝えがあって、それをお年寄りは口を酸っぱくして言っていた。むかし津波が来て小高いところへ引っ越した経験があるんですね。しかし、「また同じことを言ってる。うるさいなあ」と若い人は耳を貸さなかった。昔の話を聞くというのも財産になるんです。財産はお金や不動産だけではないんですね。

要は、社会変動に左右されることなく自立できるような態勢を築いておくことです。ハード面では、温暖化や環境破壊、自然災害に耐えられる、ひと月程度まともな食事ができなくても水と塩くらいでしのげる体力。経済の浮沈と運命をともにするペーパー資産だけでなく、不動産や純金などの現物を主体としたストック型資産。ソフト面では、自分なりの信条、信念、生き方をしっかりと持つこと。いつでも自立できるよう準備を怠らないこと。とりわけ、あとで詳しく述べますが、資格を取得することも大切です。

まずは社会人としての社会常識と礼（礼節）・信（信頼）・仁（思いやり）・義（正しいこと）を身につける。

世の中のトレンド（流れ）を学びながら
社会常識 と礼・信・仁・義

IT
・NETEYEプロの視点
・CNN
・インターネットの活用

人脈
・医者、弁護士、税理士
・役人、ジャーナリスト、銀行
・商社、製造業、教師
・自家営業ほか

新聞
・日本経済新聞
・日本産業経済新聞ほか
・大見出しは毎日読む

セミナー
・政治、経済、金融
・関係業界のもの
・資産作り ほか

月刊・週刊誌
・文芸春秋
・エコノミスト
・ダイヤモンド
・プレジデント
・業界紙 ほか

本
日本経済新聞
・毎日曜日　SUNDAYNIKKEI
　読書・ビジネス書ランキング
　政治・経済・歴史ほか
・毎水曜日　エンジョイ読書
　目利きが選ぶ本
　有名書店のベストセラー
・主な作家
浅井 隆　増田 俊雄　大前 研一
竹村 健一　堺屋 太一　長谷川慶太郎
ビルトッテン　副島 隆彦　池上 彰
竹中 平蔵　浜田 宏一　稲盛 和夫

テレビ

月〜金	5:30〜	⑥TBSテレビ	あさチャン！
	20:00〜	BS⑧BSフジ	プライムニュース
	21:54〜	⑤テレビ朝日	報道ステーション
	22:54〜	⑥TBSテレビ	NEWS23
	23:00〜	⑦テレビ東京	WBS
土	8:00〜	④日本テレビ	ウェーク
	19:00〜	⑤テレビ朝日	池上彰のニュース
	21:00〜	BS⑥TBS	週刊Bizストリー
日	7:30〜	⑧フジテレビ	報道プライムサンデー
	9:00〜	①NHK	日曜討論
	21:00〜	BS⑥TBS	週刊報道 LIFE
	22:00〜	⑧フジテレビ	Mr.サンデー

社会常識と礼・信・仁・義

（41ページ参照）

社会人になるためにはまず第一に社会常識と『論語』のスピリットが必要だ、と学生たちによく言うんです。世の中の流れ、トレンドを良く知った上で、社会常識を身に付け、『論語』をよく勉強してから会社へ入りなさい、と。

中国の古典『論語』は、思想家であり哲学者であり儒教の始祖である孔子の死後、弟子たちが師の言行を記録した書物です。「人はどう生きるべきか」「どのようにふるまうべきか」といったことが説かれています。この中で、礼・信・仁・義の大切さが強調されている。これらを勉強し、学び取り、身に付けることが肝要であると。言い換えれば礼儀・礼節、信義・信頼、仁義・思いやり、正しいこと。日々のニュースに接していると、いまの世の中はこうしたことを忘れているんじゃないかと思わざるを得ない。日産自動車のカルロス・ゴーンさんは義ということ、何が正しいことで何が不正なことなのかを忘れてしまったんじゃないでしょうか。

こうしたことは頭の中ではわかっていても、それを実行できないのであれば意味がない。いろいろと講釈は述べても、要は実践したかどうかです。では、そのためにはどうすればいいのか、ということになります。この点がもっとも重要です。

社会常識を身に付けるにあたって、ここまで述べてきたような世の中の流れ、トレンドをつかみ、『論語』の教えを学ぶにはどうすればいいのか。私は以下の七項目を推奨したいと思います。

(1) IT

インターネットの活用については申すまでもありません。私は長くガラケーを使っていましたが、さすがにスマホに替えました。それで、あらためてインターネットの効用と便利さを身にしみて知ったわけですが、やはり一番のメリットは、何か不明なこと、疑問に思ったことをすぐその場で調べられるということですね。勉強になるし、おもしろい。

また、本書のように、考え方を整理するときパソコンのパワーポイントを利用して、まず図式化し、それから文章にまとめるのにも便利です。

ＭａａＳ（マース）という用語が最近よく使われるようになりました。これは自動車などの移動手段を必要なときだけ料金を支払ってサービスとして利用する新しいシステムです。カーシェアリング、ライドシェア、オンライン配車などのサービスがあります。あるいはSocity5.0（ソサエティゴーテンゼロ）という用語も耳新しい。これは日本政府が提唱する未来社会のコンセプトで、ＩｏＴやＡＩを活用して社会問題を解決し、国民一人一人が快適に暮らすことができるようにしようというものです。と、まあ、インターネットを活用すれば、こういうこともすぐに調べることができて、その知識を自分のものにすることができる。

そういえば、ＳＤＧｓ（エスディジーズ）という用語もしばしば目や耳にするようになっています。Sustainable Development Goalsの略語です。日本語では「持続可能な開発目標」と訳される。持続可能な開発のための一七の目標と一六九の達成基準からなる国連主導の活動です。

一七の目標というのは、以下の通りです。

「貧困をなくそう」
「飢餓をゼロに」
「すべての人に健康と福祉を」
「質の高い教育をみんなに」
「ジェンダー平等を実現しよう」
「安全な水とトイレを世界中に」
「エネルギーをみんなにそしてクリーンに」
「働きがいも経済成長も」
「産業と技術革新の基盤をつくろう」
「人や国の不平等をなくそう」
「住み続けられるまちづくりを」
「つくる責任つかう責任」
「気候変動に具体的な対策を」

「海の豊かさを守ろう」

「陸の豊かさも守ろう」

「平和と公正をすべての人に」

「パートナーシップで目標を達成しよう」

また、一六九の達成基準のごく一部を抜き書きしてみましょう。


「二〇三〇年までに、現在一日一・二五ドル未満で生活する人々と定義されている極度の貧困をあらゆる場所で終わらせる」

「二〇三〇年までに、飢餓を撲滅し、すべての人々、特に貧困層および幼児を含む脆弱な立場にある人々が一年中安全かつ栄養のある食料を充分得られるようにする」

「二〇三〇年までに、世界の妊産婦の死亡率を出生一〇万人あたり七〇人未満に削減する」

「二〇二〇年までに、世界の道路交通事故による死傷者を半減させる」

「二〇二〇年までに、あらゆる種類の森林の持続可能な管理の実施を促進し、森林破壊を阻止し、劣化した森林を回復し、世界全体で植林と森林再生を大幅に増加させる」
「あらゆる場所におけるすべての女性および女児に対するあらゆる形態の差別を撤廃する」
「二〇三〇年までに、予防、削減、リサイクル、および再利用により廃棄物の排出量を大幅に削減する」
「あらゆる形態の汚職や贈賄を大幅に減少させる」
「すべての国々において、気候変動に起因する危険や自然災害に対するレジリエンスおよび適応力を強化する」

先ほど国連は無能だといいましたが、世界のすべての国がこういう目標を持って継続的にやっていきましょうという指標を提示した。これはすばらしいことです。先ほど述べた「エゴ」の時代から「エヴァ」の時代への変化の兆しをうかがうことができますし、あとで述べる「会社経営は論語と算盤」という思想との共通点をうかがうこともできます。

（2）人脈

医者、弁護士、税理士、役人、ジャーナリストなど幅広い分野の人々と交流することが人間の幅を広げます。欧米人は必ず医者と弁護士の知り合いを持っている、とむかしからよく聞かされたものです。そのためには、何よりも、他人に信用される実力と教養を身に付けることです。そうすれば、おのずと人脈は広がるものです。

（3）新聞

日本経済新聞は欠かせません。どんなに忙しくても大見出しだけは毎日読むようにしたいものです。産業・企業情報に特化したビジネス総合紙である傍系の日経産業新聞もできれば目を通してほしい。

（4）月刊・週刊誌

月刊では『文藝春秋』、週刊では『エコノミスト』『ダイヤモンド』、隔週刊では『プレジデント』がおすすめです。業界紙などにも目を通しておきたいですね。

(5) セミナー

関係業界のものだけでなく政治、経済、金融など多彩なテーマで、特に東京では毎日のように開かれていて、そのほとんどは無料です。レベルの高い話を無料で聞くことができるというのは願ってもないことだと思います。

(6) 本

本を読まないと人間的な成長、進歩はありません。のちほど私がこれまでに読んで感銘を受け、ぜひみなさんにも読んでほしいと思っている本を具体的に紹介しますが、ひとまず推薦する著者名だけをここに挙げておきましょう。順不同ですが浅井隆、増田俊雄、大前研一、竹村健一、堺屋太一、長谷川慶太郎、ビル・トッテン、副島隆彦、池上彰、竹中平蔵、浜田宏一、稲盛和夫……といった方々です。

日本経済新聞には毎日曜日の「SUNDAY NIKKEI」に読書欄があって、ビジネス書ランキングなどは特に参考になります。ほかに毎水曜日に「エンジョイ読書」という欄があって、「目利きが選ぶ本」「有名書店のベストセラー」などが掲載されている。こういった情報をもとに読みたい本、読むべきだと思う本を選べばよろしいのではないでしょうか。

簡単なものでもいいから自分だけの本棚をつくることもおすすめしたい。ためになった本、おもしろかった本をずらりと並べて、その背表紙を眺めるだけでも楽しいものです。

(7) テレビ

娯楽番組ばかり観るのではなくて、なるべくニュースや時事問題を扱う番組にチャンネルを合わせるようにしましょう。地上波、BSともに各局でさまざまな番組が放送されています。特に私がおすすめする番組がありますので、これについてものちほど詳しく紹介します。これらを参考に、自分なりのテレビ習慣をつくってみてはいかがでしょうか。

企業はどういう人材を求めているか

（54ページ参照）

さて、長々と話してきましたが、ここまではいわば序論です。ここからは、本論であり、本書のサブタイトルともなっている「企業が求める人材」についてつぶさにお話ししようと思います。

会社が人を評価するとき、二つの評価基準があります。業績評価と能力評価です。ほとんどの企業では、この二つの評価を上司二人（担当者の場合は係長と課長、課長の場合は部長と役員）に一〇点満点形式で採点され、それに基づいて給与も昇格も決定される。二人というのは評価が偏らないための方策です。

だから、上司に恵まれないと損だし、上司に好かれないと損ですね。やはり上司にごまをすらないとだめです（笑）。少なくとも上司が何を考え、何を狙っているかということを部下として知っておくことは大切です。そして、それをアシストしてあげる。「こんな情報がありますよ」「こんなデータが上がっていますよ」と。これが一番のごますりなんです（笑）。やはりクイックレスポンスですよ。「私はこうだと思います」といち早く答える。そうでないと好かれない。

なかなか自分の実力を評価してくれない上司というのは、大きな会社にも小さな会社にも必ずいます。私は長く新日鉄という大きな会社に在籍していましたが、上司は三年前後で替わる。よく見てくれる上司とそうでない上司がいます。スポーツの世界でも同じなんです。攻めるのが好きな監督はオフェンスに強い選手を使う。守りを中心に考えているとディフェンスにすぐれた選手を使う。そんなときにくさってしまってはだめなんです。ではどうすればいいか。

「お言葉ですが」――このフレーズは覚えておいてください、「私はこういうふうに考えているのですが」と、あえて自分の意見を言う。「お言葉ですが」と言われると上司もあまり悪い印象は持たないんです。そして、上司の方々にはそう言ってくる社員を大切にしてほしいんです。

それと、長い人生を見据えた上で、自分はこの会社でどういうことをやりたいのかということをしっかりと頭に入れておくということが重要です。もし自分が使われないときは「よーし、その使われない期間、良いチャンスだから自分の力を充電しよう」と思うことです。私の場合も、合わない上司もいましたが、「この人は三年前後で替わるんだ、その使われない期間は良いチャンスだから、自分の力をしっかり充電しておこう」と発想を切り替えました。そういうタフネスを持っていないとだめだと思います。

少し横道にそれました。話を戻しましょう。

業績評価と能力評価の比率については、いままでは業績評価五〇パーセント、能力評価五〇パーセントがほとんどでした。しかし、最近では業績評価のウェイトを高くする企業が増えている。極端な例かもしれませんが。会社によっては業績評価九〇パーセント、能力評価一〇パーセントというところもあるようです。実績を出さなければ意味がないと考えられるようになっている。このことを頭の隅に刻んでおいてください。

業績評価とは、所属している部門での仕事の実績です。経理部門、営業部門、あるいは現場の部門、それぞれに業務目標があります。それをどれだけ達成できたか、というのが基準になる。

能力評価の8つの能力とは。

会社の給与、昇格＝業績評価＋能力評価。

業績評価＝会社での実績
能力評価＝主な能力評価項目は下記の通り

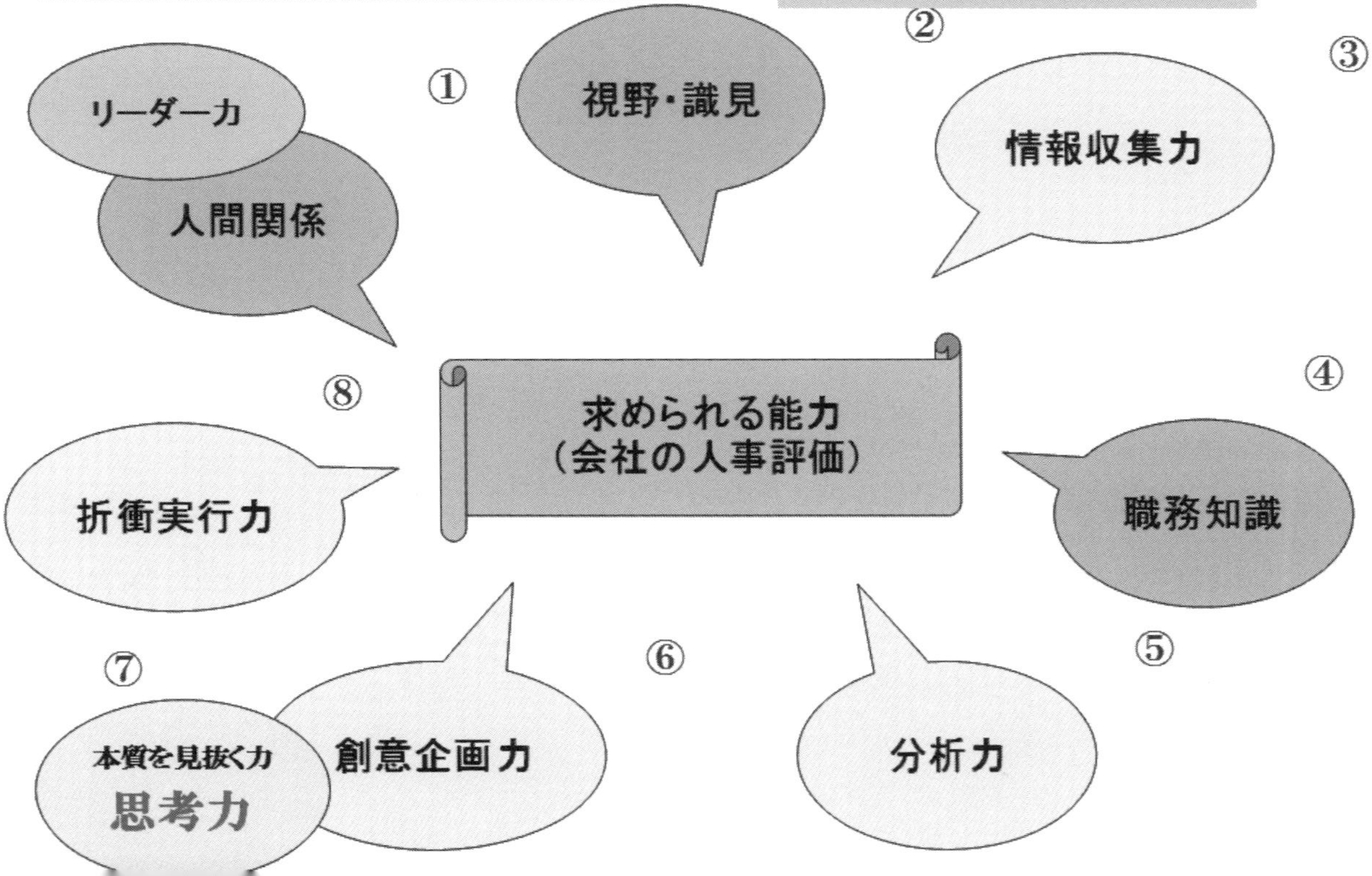

能力評価には次の八項目があります。それらの能力があるかどうかで判断される。

（1）人間関係
（2）視野・識見
（3）職務知識
（4）情報収集力
（5）分析力
（6）創意企画力
（7）思考力
（8）折衝実行力

企業が求めるのはこうした八つの能力を持った人材です。そして、（5）（6）（7）のバックには「しっかりした論理性」「論理的に整理する力」が必要です。この点をビジネスパーソンはあらためて認識すべきだと思います。

そして、スポーツ関係者にも同じく認識してほしいと思います。スポーツ関係者が心がけるべき点、取り組むべき点もここに集約されている。このことを知った上で、学生時代からスポーツをやりながら、学業に、遊びに、あるいは文化活動の中で、この能力を磨いてほしい。同時に、これらを教える指導者が独りでも多く出てきてほしい。

人間関係、視野・識見、職務知識を身に付ける

（58ページ参照）

会社の人事評価にあたって求められる能力は八つあるといま申し上げた。では、それを身に付けるにはどうすればいいのか。ここではそのうちの（1）（2）（3）の三つに絞ってお話ししたい。人間関係、視野・識見、職務知識。これを三大能力ともいいます。

（1）人間関係

私は営業畑が長かったんですが、その間に編み出した知恵の一つは、名刺のメモでした。初対面のときいただいた相手の名刺の裏に、お会いした日付だけでなく、相手が話したすばらしいと思われる言葉や強く心に残った印象などを書き残しておく。次回お目にかかったときは、そのメモをもとに「先だってこういう話をされていましたが、それについてもっと詳しくお聞かせいただけませんか」というふうに水を向ける。そこから内容のある対話が始まり、良好な人間関係が培われていくようになる。その過程で人脈も増える。ちなみに、ＳＥＣエレベーター鈴木孝夫会長の名刺の裏には「メンテナンス業界に新風を吹き込んだ人」と書いてあります。

それから、いろいろな集まりのお世話役を進んでやってあげるということです。夜の会合やパーティの幹事役も積極的に引き受ける。そうすれば、いろいろな優秀な人に近くで接し、親しく話す機会が増える。九州では「西日本支店長会議」があり、積極的に出席する事で人脈が広がりました。異業種の人との交流も大切です。アメリカでは、医者と弁護

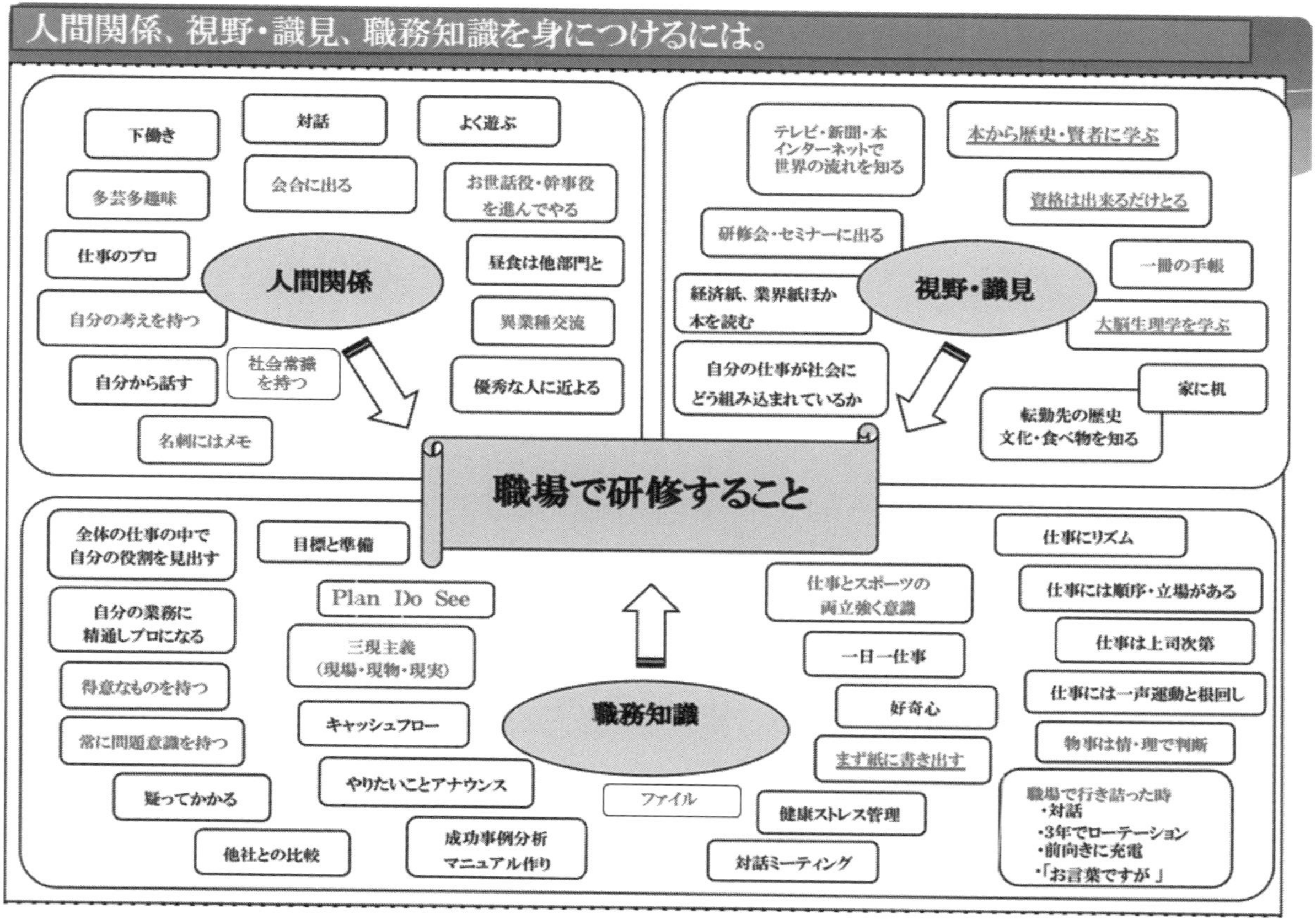
人間関係、視野・識見、職務知識を身につけるには。
人間関係
下働き
対話
よく遊ぶ
多芸多趣味
会合に出る
お世話役・幹事役を進んでやる
仕事のプロ
昼食は他部門と
自分の考えを持つ
異業種交流
自分から話す
社会常識を持つ
優秀な人に近よる
名刺にはメモ
視野・識見
テレビ・新聞・本 インターネットで 世界の流れを知る
本から歴史・賢者に学ぶ
資格は出来るだけとる
研修会・セミナーに出る
一冊の手帳
経済紙、業界紙ほか本を読む
大脳生理学を学ぶ
自分の仕事が社会にどう組み込まれているか
家に机
転勤先の歴史 文化・食べ物を知る
職場で研修すること
職務知識
全体の仕事の中で自分の役割を見出す
目標と準備
仕事にリズム
Plan Do See
仕事とスポーツの両立強く意識
仕事には順序・立場がある
自分の業務に精通しプロになる
三現主義（現場・現物・現実）
仕事は上司次第
一日一仕事
得意なものを持つ
好奇心
仕事には一声運動と根回し
キャッシュフロー
常に問題意識を持つ
まず紙に書き出す
物事は情・理で判断
やりたいことアナウンス
疑ってかかる
ファイル
健康ストレス管理
職場で行き詰った時
・対話
・3年でローテーション
・前向きに充電
・「お言葉ですが」
他社との比較
成功事例分析 マニュアル作り
対話ミーティング

士とは必ず親しくしろといいます。

それから、多趣多芸であること。趣味が多くなればなるほど親友になる機会が増え、人間関係を深めていくことにつながる。私などは典型的な転勤族で、三年に一度くらいのペースで転勤がありました。それぞれの土地でいろいろなことを覚えていった。九州ではシュノーケル、東京ではゴルフ、名古屋では小唄を覚えた。広島では小型船舶操縦士の免許を取った。そのたびに人間関係が広がり、豊かになりました。

(2) 視野・識見

本、テレビ、新聞、セミナー、人脈などを通じていろいろなことを勉強する。「ああ、世の中はこうなんだ」と目からうろこが落ちたとき、あるいは新しいことを学んだなと感じたとき、おすすめしたいのは、まず紙に書き出すということです。

私は一日に一つでいいから何かを覚えていこうということで、メモのための手帳を若いときから使っています。サラリーマン生活は五〇年でしたが、その間ずっと持ち続けていましたから、もう何冊にもなっています。数えきれません。冒頭でご紹介した二〇一四年四月七日の鈴木孝夫会長七一歳の誕生会で私が述べさせていただいた祝辞も、その私の手帳の一冊に残っているんですね。ページの片側半分はスケジュールを書き込むカレンダーで、もう片側半分のメモ欄に何を思ったか、何をしゃべるかを日記ふうに書いておく。教訓になった言葉もこの手帳に書き残すんです。

手帳はある意味のロマンだし、いろいろなドラマも生んでくれる。過去はどうだったかといったような、いろいろなことを教えてくれる。あの人とこういうことで論争したなとか、こういうことを話して意気投合したなとか。こういう記録を残しておくことが財産だし、武器でもあるんです。まあ、いまでいえば、ツイッター感覚でしょうか。一四〇字以内で気軽に書き込めるツイッターが手帳代わりという方もいるかもしれませんね。とはいえ、私の場合は不特定多数に読まれることを前提に書き込んでいるわけではもちろんありません。手帳はあくまでも自分自身のための備忘録です。

仕事の上でこれはすばらしい、よくできていると感心する書類に出くわすことがありますね。そんなときは必ずファイルしておくことです。これもすばらしい財産になります。私はクリアファイルに技術関係や経理関係のニュースなどをジャンル別に差し込んでおいて、ときどき読み返しています。これもまた財産だし、武器でもあるんです。

(3) 職務知識

職務知識をどう身に付けるか。まず、会社の中でこういう仕事をしたいという目標をしっかり持つことが基本です。そして、常に問題意識を持って、人の言葉をきちんと聞くことから始まります。

トヨタ自動車からは「カイゼン」など世界的に有名になった言葉が生まれていますが、「三現主義」もその一つです。これが社内で徹底されています。三現すなわち現場・現物・現実です。現場へ行きなさい、現物を見なさい、現実的な発想をしなさい。

トヨタはジャストインタイムを実践したわけですが、そのときの重役さんが工場に半径一メートルの円を描いて、トイレと食事で場を離れるとき以外はずっとその中に座って観察する。すると、作業員はほとんど物を取りにいっている。そのロスタイムが大きいということで、次にどういう車種が来たらどういう部品が必要かということをあらかじめ知っておいて、カートで必要なものを揃えておくようにしたそうです。

私はかつて新日鉄の営業部門で自動車鋼板の薄板を売っていましたから、トヨタ自動車は得意客でした。当時のトヨタの人とはいまだにOB会で親しくお付き合いをしていますが、その頃はよく飲みもしたし遊んだし、それ以上によく仕事をしました。新日鉄は軽くて強い鉄板、曲げてもヒビの入らない鉄板、塗装しても剥げない鉄板を開発したんですが、実は私どもの鋼板が他社製に比べて価格が比較的高いにもかかわらず、納入シェアは高いほうだったと思います。要するに、自分で言うのもおこがましいんですが、人間性を買われているわけですよ。さまざまなことをものすごく議論しました。そうして築いた人間関係は会社を辞めても息づいている。当時の先方の担当者はもう七〇代、八〇代ですが、いまだに「新故会」というOB会で親交を保っています。

要は、架空の論議をするなということです。いくら言っていることがすばらしくても、現実を伴わなければ意味がない。当時は問題が生じた際は数時間に及ぶ会議を開きました。そして、徹底的に議論する。それを通じて職務知識が広がっていきます。

豊田章一郎氏がかつて社長だったとき、あるセミナーで「これからのトヨタにはどういう人材が必要か」というテーマの講演をされた。出席者は「グローバルな感覚を持ち、英語が堪能で、技術力にすぐれて……」うんぬんという講演内容になるかと思っていたら、とんでもない、「目配り、気配り、心配りする人間がほしい」と。その講演は当時大きな話題を呼びました。

話を戻しますと、職務知識を身に付けるためには、まず問題意識を常に持っているかどうかが肝心です。なぜこういうことをやるのか、どのようにやっていくべきだろうか、と常に考える。

職場は職務知識の宝庫です。学校のように先生が教えてくれるわけではありません。自分から貪欲に求めることです。私は会社のバスケットボール部に所属していたので、仕事とスポーツの両立を強く意識し、練習が終わってから会社へ戻ったり、ゲームのない休日は出社したりと、実に貪欲にやりました。

会社ではいろいろな会議にいろいろな資料が提供されます。それを経理、営業、生産別などにファイルして、自分の知識の蓄積を図るのも良いやり方だと思います。

ともかく、自分の業務に精通してプロにならないとだめです。そうすれば情報や知識がおのずと集まってくるんです。頼りにならない人間には情報は流れてきません。

もっとも大切なのは、自分で勉強してその仕事のプロになる、という意識だろうと思います。

テレビから何を学ぶか

いうまでもなく、前記の人間関係、視野・識見、職務知識の三大能力さえ身に付ければあとは大船に乗ったつもりで――というわけにはいきません。企業が求める能力は多岐にわたります。三大能力を基礎にしながら、それ以外の能力をいかにして身に付けるかを考えていきましょう。

先ほどは手帳とファイルの話に絞りましたが、視野・識見を広げていくにはテレビ、新聞、本、インターネットなどで世界の流れを知ることも欠かせません。ここではテレビについてお話ししましょう。

先ほどは娯楽番組ばかり観るのではなくて、ニュースや時事問題を扱う番組を観るようにしましょうと申しました。特に私がおすすめする番組をここに列挙します。

月〜金曜日
五時三〇分〜　TBS『あさチャン！』
八時〜　テレビ朝日『羽鳥慎一モーニングショー』
二〇時〜　BSフジ『プライムニュース』
二一時五四分〜　テレビ朝日『報道ステーション』
二二時〜　BS日テレ『深層NEWS』
二三時〜　テレビ東京『WBS（ワールドビジネスサテライト）』
二三時一〇分〜　TBS『NEWS23』

土曜日
八時〜　日本テレビ『ウェーク』

九時～　ＢＳテレ東『日経ニュース』
一九時～　テレビ朝日『池上彰のニュースそうだったのか!!』
二一時～　ＢＳ　ＴＢＳ『週刊報道Ｂｉｚストリート』
二二時～　ＴＢＳ『ニュースキャスター』

日曜日
七時～　ＮＨＫ総合『おはよう日本』
七時三〇分～　フジテレビ『報道プライムサンデー』
八時～　ＴＢＳ『サンデーモーニング』
九時～　ＮＨＫ総合『日曜討論』
一八時～　ＢＳ朝日『激論』
二一時～　ＢＳ　ＴＢＳ『週刊報道ＬＩＦＥ』
二二時～　フジテレビ『Ｍｒ．サンデー』

平日の朝八時から放送している『羽鳥慎一モーニングショー』などは、みなさんは出勤したあとですから、なかなか観る機会はないかもしれませんが、いろいろなニュースの解説をしていて参考になります。もしよければタイマー録画して観てみてください。

BSフジの『プライムニュース』は夜八時からですから、みなさん帰宅されてから観ることができるでしょう。これは二時間という長時間で一つもしくは二つのテーマについて徹底的に議論します。こういう番組はほかにありません。

土曜日朝八時からの日本テレビ『ウェーク』は、いろいろな問題をわかりやすく解説してくれる。日曜日は八時からのTBS『サンデーモーニング』をよく観ます。これも広く浅く難しくなく話してくれる。

これらを全部観なさいというわけではなく、自分で判断して選べばよろしいかと思います。

※番組名や放送時間は二〇一九年九月現在のものです

本を通して歴史と賢者に学ぶ

次は本です。みなさんもいろいろな本を読んでおられると思いますが、ここでは比較的目にする機会の少ない本を順不同でご紹介しましょう。

『金融のしくみは全部ロスチャイルドが作った』安部芳裕著（徳間書店・六四八円）
『世界恐慌という仕組みを操るロックフェラー』菊川征司著（徳間書店・六八六円）
『資本主義の終焉と歴史の危機』水野和夫著（集英社・七四〇円）
『戦略なき国家に明日はない』瀬島龍三・加藤寛著（日本政経文化社・一六〇〇円）
『日本は日本のやり方で行け！』ビル・トッテン著（ＰＨＰ研究所・一一四三円）
『不確実性の時代』ジョン・ケネス・ガルブレイス著（ＴＢＳブリタニカ・二二〇〇円）
『ジャパン・アズ・ナンバーワン』エズラ・ヴォーゲル著（ＴＢＳブリタニカ・一三〇〇円）

『自動車』アーサー・ヘイリー著（新潮社・一五〇〇円）
『文明の衝突』サミュエル・ハンチントン著（集英社・二八〇〇円）
『ゼロ・サム社会』レスター・サロー著（TBSブリタニカ・一五〇〇円）
『日はまた昇る』ビル・エモット著（草思社・一二五〇〇円）
『日本人のためのピケティー入門』池田信夫著（東洋経済新報社・八〇〇円）
『大変な時代』堺屋太一著（講談社・一六〇〇円）
『運命を拓く』中村天風著（講談社・五九〇円）
『幸運の女神に好かれる法』竹村健一著（青春出版社・一三〇〇円）
『実戦・大脳生理学』武田豊著（毎日新聞出版・一〇〇〇円）
『ストック大国日本の誕生』三原淳雄著（PHP研究所・一三〇〇円）
『道は開ける』D・カーネギー著（創元社・七〇〇円）
『エヴァへの道』船井幸雄著（PHP研究所・一六〇〇円）
『百匹目の猿』船井幸雄著（サンマーク出版・一三〇〇円）
『論語と算盤』渋沢栄一著（筑摩書房・八二〇円）

『思考の整理学』外山滋比古著（筑摩書房・五二〇円）
『国家と教養』藤原正彦著（新潮社・七四〇円）
『勝つための準備』エディ・ジョーンズ／持田正則共著（講談社・一五〇〇円）
『モダン・ゴルフ』ベン・ホーガン著（ベースボールマガジン社・一五〇〇円）
『痛快！ゴルフ学』鈴木康之ほか著（集英社インターナショナル・二五〇〇円）
『50歳からのゴルフ』ゲイリー・プレイヤー著（日本放送出版協会・一六〇〇円）
『7つの習慣』スティーブン・コヴィ著（キングベアー出版・二七〇〇円）
『プロフェッショナルの条件』ピーター・ドラッカー著（ダイヤモンド社・一九四四円）
『トランプは世界をどう変えるか？』エマニュエル・トッド著（朝日新聞出版・一〇〇〇円）

このうちいくつかの本について少し説明を加えておきましょう。

最初の『金融のしくみは全部ロスチャイルドが作った』という本。ロスチャイルドというのはヨーロッパの財閥です。大金持ちです。これまでにいろいろな仕組みをつくっています。読んだら驚きます。世の中は仕組みづくりだと私は思っていますから、とても参考になります。

『資本主義の終焉と歴史の危機』という本もおもしろい。もう資本主義は行き着くところまで行ったのではないか。ゼロ金利が示すものは、資本を投資しても利潤の出ない資本主義の「死」だ。これまでの「より遠くへ、より速く、より合理的に」を金科玉条とする思考を捨てて「より近く、よりゆっくり、より寛容に」という思考へ切り替えることだ。そのように述べている。

『ジャパン・アズ・ナンバーワン』というのは、これが出版された一九七九年に一世を風靡し、ベストセラーになりました。日本の高い経済成長の基盤になったのは日本人の学習への意欲と読書習慣であると書かれている。著者のヴォーゲルは日本人の一日の読書時間の合計がアメリカ人の二倍にのぼることや、新聞の発行部数の多さなどを例証として挙げています。

『運命を拓く』では、人の強さと真（まこと）善（愛情）美（調和）は宇宙霊（造物主）に通じ、無限の力が与えられ、人生の幸福につながる、という意味合いのことが書かれています。

『幸運の女神に好かれる法』という本もおもしろい。人間は運が付かないとうまくいきません。運が付くためにどうしたらいいのかということ、そして、勝利の女神は笑い、感謝、謙虚にほほえむ、ということが書いてあります。

『思考の整理学』は二一世紀に入ってから東大と京大の生協書籍販売ランキングで毎年のように一位を獲得し「東大・京大で一番読まれた本」として知名度を高めています。自分の頭で考え、自力で飛翔するためのヒントが詰まった学術エッセイです。たとえば、こんなことが書かれています。

ものを考えるのに、ものを食べたあとがよろしくないのははっきりしている。体の疲れたときも適当ではない。寝て疲れを取ったあと、腹に何も入っていない朝のうちが最高の時間。いかに〝朝飯前〟の時間を長くするか。

なにかを考える、つくり出そうとするとき、頭に浮かんでくることを片端からひとつひとつカードに書き取っていく。カードがたくさんできたら、これをカルタのように並べる。そして、おもしろそうな順に取っていく。

『国家と教養』はベストセラーになった『国家の品格』の兄弟版ともいえる本で、数学者らしい独創的な視点で現代にふさわしい教養のあり方を提言しています。読みがいのある本だと思います。これも一節を抜き書きしてみましょう。

民主主義の暴走を制御するのは、教育の四本柱である。すなわち、文学・哲学の「人文教養」、政治・経済・歴史・地球学の「社会教養」、自然科学・統計の「科学教養」、それに芸術・芸能・映画・歌舞伎・茶道・書道・華道など情緒とか形の習得が不可欠な「大衆文化教養」である。これを「読書・登山・古典音楽」と表現する人、「本・人・旅」と表現する人、「映画・音楽・芝居・本」と表現する人がいる。自らの血肉とするためにはどうしても読書が主役となります。

ゴルフの好きな人には『痛快！ゴルフ学』が非常におもしろいですよ。『7つの習慣』などもあまり知られていませんが、読むと大変おもしろいのでおすすめしたい。

もちろん、ここに挙げた本をすべて読破しなさいと言っているわけではありません。自分に必要と思われる本を選択してお読みになるとよろしいかと思います。

資格をできるだけ取る

会社はいつつぶれるかわかりません。大会社といわれているところもたくさんつぶれているでしょう。古くは山一証券、北海道拓殖銀行。近年ではシャープなども実態はつぶれたに等しいといっても過言ではない。

食べていくためには、やはり自分で資格を持っていないとだめですね。私も昔、何があるかわからないから食いぶちを確保するために、教員の免許を取っておこうと思いました。そうすると、会社へ入っても強気に出られるんですよ。「お言葉ですが」と言えるんです。そういう意味でも何かの資格を取得されることをおすすめしたい。

《どの業界にも通用する主な資格》

マイクロソフトオフィススペシャリスト

TOEIC・英検など英語の資格（通訳案内士など含む）
簿記2・3級
ファイナンシャルプランナー
中小企業診断士
税理士・公認会計士
販売士2・3級
宅地建物取引士
メンタルカウンセラー
社会保険労務士

私は不動産の仕事もやっていましたから、俗にいうタッケン、宅地建物取引士の資格は必須でした。その資格を持っているだけで、持っていない人よりも給与が二～三万円高いんです。それから、いまになって思うのは、ファイナンシャルプランナーや中小企業診断士の資格を持っておけばよかったな、ということです。

マイクロソフトオフィススペシャリストというのはビジネスパソコン資格。ワード、エクセル、パワーポイントなどの統合アプリケーション「マイクロソフトオフィス」を駆使できる能力、利用スキルを証明できる資格です。先ほど言いましたように、スマホやタブレットを持っていると、電車の中でもインターネットを通じて勉強できる世の中ですから、こうしたスペシャリストが必要とされているわけです。

そういえば、インターネットの話で私が最近感心したエピソードがあります。あるＥＶモーターの営業の仕事をお手伝いする中で知ったことです。日本にはすばらしいバイク屋がいるんですよ。国際的にも名高い。新聞紙上にはホンダやスズキの名前しか出ませんが、もっと高級タイプのバイクをつくっている人がいる。そこへＥＶモーターの売り込みに行った。しかし、こういう構造で、ブレーキを踏んだり変速したとき蓄電される、いいモーターだから買ってください、と売り込んでもまったく耳を貸さない。価格はいくらだと、そればかり。よく聞くと、インターネットを使ってバイクに使う部品の一覧表を持っている。そして、一番安いのはどこの国の部品かを調べている。特殊な部品もちゃんとあるという。それを取り寄せて、中国でつくらせている。私はびっくりしました。それで商売が成り立っているんですね。インターネットがなかったら考えられないことです。

《スポーツ業界で通用する主な資格》
アスレティックトレーナー
インストラクター
健康運動実践指導者
ジュニアスポーツ指導者
クラブマネージャー
柔道整復師（整体師・整体ボディーケアー含む）
スポーツフードアドバイザー
スポーツマネジメント（筑波大学大学院人間総合科学研究科修士・博士課程）

私も長くスポーツをやってきましたから、〝スポーツばか〟にならないよう資格や免許を取りなさいとよく言われたものです。特に最近はスポーツパーソンが社会的な問題を起

こす事件が頻発しています。こうした風潮を予見したわけでもないでしょうが、私の母校である筑波大学（私が在籍した当時は東京教育大学でしたが）の大学院に二〇〇三年、スポーツ健康システムマネジメント専攻（修士課程）とスポーツウェルネス学位プログラム（博士課程）が誕生しています。スポーツ振興や健康増進施策の牽引役としての高度な専門家養成をめざしたものです。東京キャンパス（文京区）での社会人を対象とした夜間開講制の大学院ですから、社会人が仕事をしながら通学することができます。

大脳生理学を学ぶ

「うちの子は勉強はできるが、運動ができない」
「うちの子は運動はできるが、勉強ができない」
「お隣の子は勉強はできるし、運動もできる」

（80ページ参照）

「脳（人間の能力）のはなし」

大脳生理学を学ぶとは。

「あの子は勉強は出来るが、運動が出来ない。」「あの子は運動は出来るが、勉強が出来ない。」「あの子は勉強は出来るし、運動も出来る。」とお母さん達が話しているのを聞いたことがあるだろう。

これは「脳のはなし」からも正しい話をしていることになる。
少しむずかしいが、人間の脳は前頭葉（ぜんとうよう）という袋と後頭葉（こうとうよう）という袋から出来ている。

[脳のしくみ]

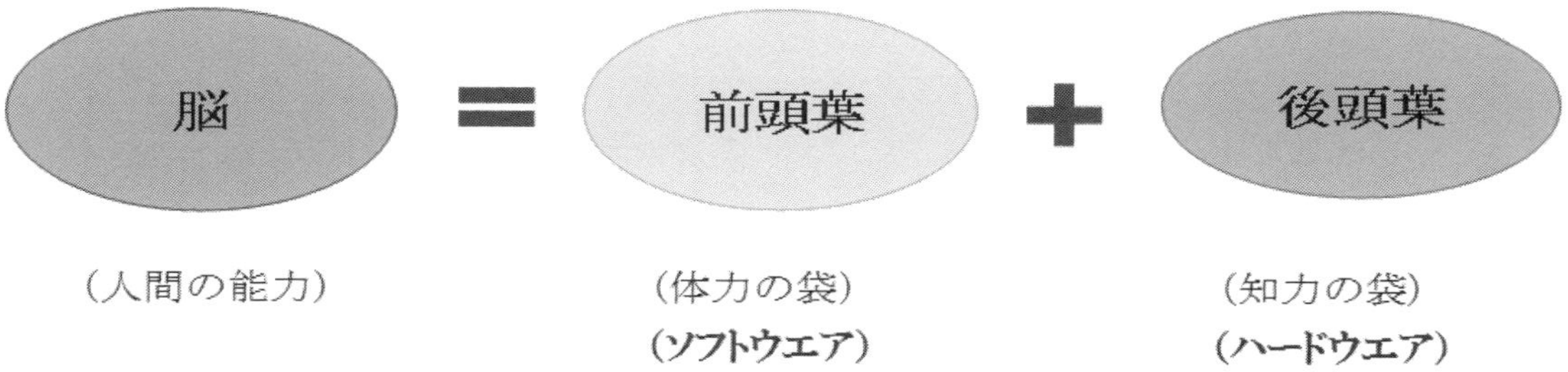

そんなふうにお母さん方が話しているのを聞いたことがあるでしょう。これを大脳生理学の観点から分析、考察すると、実に興味深い。

私の孫が野球をやっていて、リトルリーグに入っているんです。その父兄会から何かしゃべってくださいと言われて、お父さん、お母さんの前でこの話をしました。

人間の脳は前頭葉と後頭葉という二つの袋からできています。前頭葉の袋は体力を司り、体を動かして運動することによって体験できることをいくらでも貯めておくことができる。たとえば苦しい練習に耐えること、がんばること、チームメイトとの協調と信頼、勝った喜び、負けた悔しさ、フォアザチームで尽くすこと、よっし、やってやろう！　と思う気迫、体に付く筋力などなど――これらを貯めておく。もう一つの後頭葉の袋は知力を司り、勉強したことなどをいくらでも貯めておくことができる。たとえば歴史の知識、算数の方程式、世界の国や都市のこと、国語の読み方、書き方、読解力や表現力、英語の読み方、しゃべり方、社会のこと、物を考える力、人の伝記、工作、化学、物理、音楽、芸術などなど――。

コンピュータでいえば、前頭葉がソフトウェア、後頭葉がハードウェア。脳の大きさは

知力の袋と体力の袋を加えた合計になります。そして、脳の大きさが人間の能力の大きさにつながると考えられています。

野球チームに同じ技量の選手がいたとすると、レギュラーになれるかどうかは後頭葉の袋がどれだけ大きいかによる。つまりは、体力ではなく知力の差になります。監督が言ったことをよく覚えている、失敗したこともうまくいったこともよく覚えている。

だから、父兄会では、子供たちにもっと勉強させなさいと言いました。勉強も運動もできる子は知力の袋も体力の袋も大きい脳を持っていることになる。両方とも大きくないとレギュラーとして試合に出ることができないんですよ、お子さんにそう教えてあげなさい、と言った。すると、お父さん、お母さんから「いい話を聞かせていただいてありがとうございます」と喜ばれました。「うちの子によく聞かせてやります」と。

整理してまとめると、このようになります。

1　勉強はできるが、運動ができない子の脳は前頭葉（体力の袋）が小さく、後頭葉（知力の袋）が大きい。

2　運動はできるが、勉強ができない子の脳は前頭葉（体力の袋）が大きくて後頭葉（知力の袋）が小さい。

3　運動も勉強もできる子の脳は前頭葉（体力の袋）も後頭葉（知力の袋）も大きい。

子供も大人も同じです。体力を使って動き回るのが得意な人もいれば、机で仕事をするのが得意な人もいる。その両方が備わっていれば理想的ですね。

社会でみんなから信頼され、尊敬される人、みんなから「立派な人」と言われる人は人間の能力の大きい人、脳の大きい人、すなわち前頭葉（体力の袋）と後頭葉（知力の袋）の合計が大きい人なんですね。

いずれ皆さんはリーダーになる人達、リーダーになったときの心がけ。

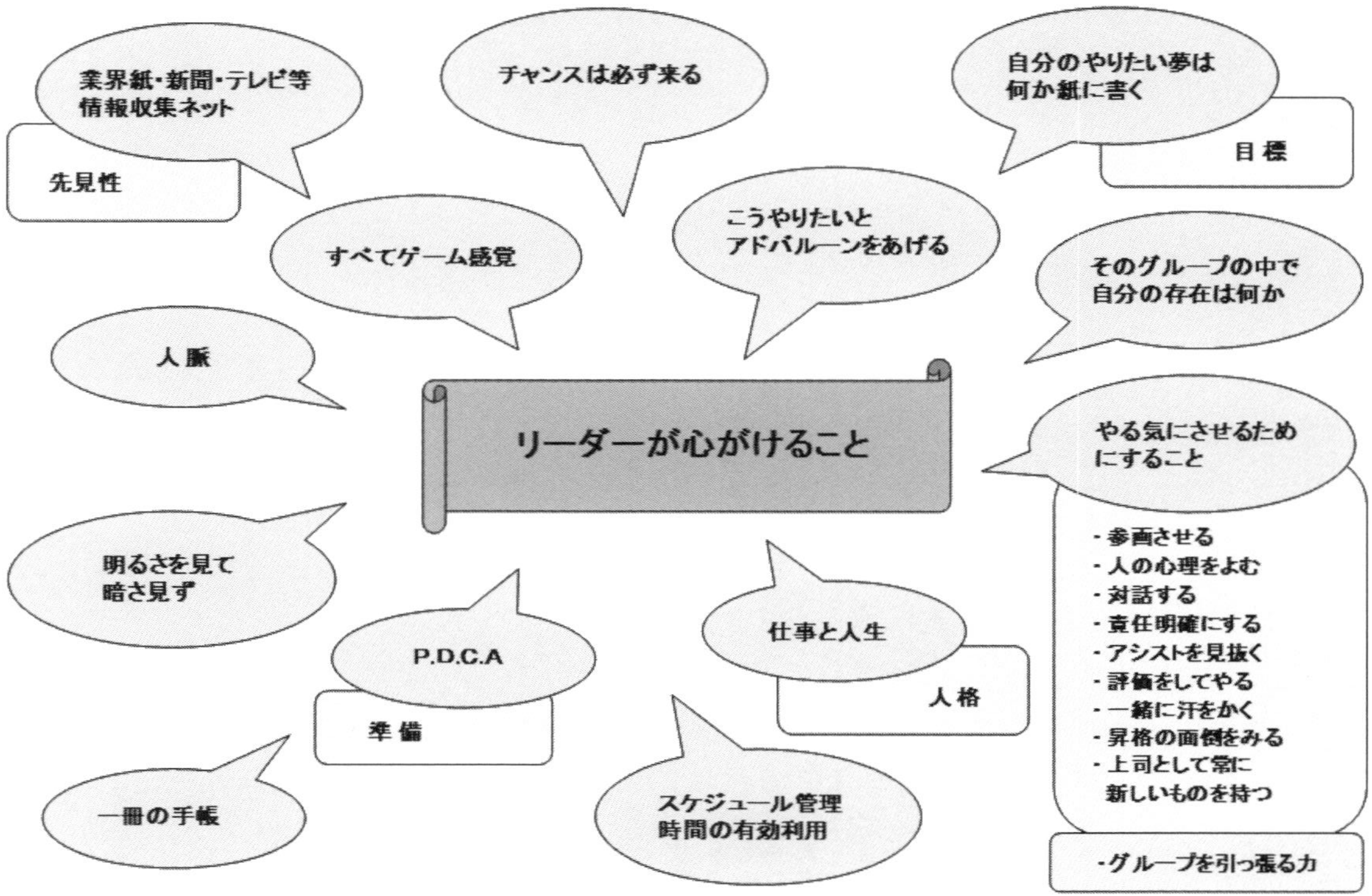

リーダーになるときの心がけ

（84ページ参照）

みなさんはいずれ会社のリーダーになる人たちです。リーダーになるにはどういうことを心がけたらいいのかということをお話ししたい。

いうまでもなく、リーダーはまわりから尊敬される人でなくてはならない。そして、業界紙、新聞、テレビ、インターネットなどから積極的に情報を収集して、こうやりたいと明確な目標を掲げることができる人。先見性を持ち、常に新しい発想ができ、新しい展望を持っている人。それから、仕事を通して人生を語ることができる人でなければなりません。

元帥海軍大将だった山本五十六がこう言っています。

「やってみせ、言って聞かせて、させてみて、褒めてやらなければ、人は動かじ。話し合い、耳を傾け、承認し、任せてやらねば、人は育たず」

このことはリーダーとなる人は頭に入れておかなければならないと思います。人の心理を読み、やる気にさせ、評価をしてやる。「これやってよね」と目標を的確に定めて、責任を明確にしてあげるとともに、いっしょに汗をかくことを厭《いと》わない人。

ＰＤＣＡというビジネス用語があります。もともとは生産管理や品質管理などの業務を継続的に改善していく手法のことです。Plan＝計画、Do＝実行、Check＝評価、Action＝改善。目標達成のための計画を立て、具体的な実行に移し、その結果を振り返って客観的に評価し、よりよい改善方法を考える。

ビジネスだけでなく、ふだんの生活の中でもＰＤＣＡをサイクル化することで自分の目標や生活習慣を改善したり達成したりすることに役立てることできるようになります。グループ内においても同様です。同じミスを繰り返さないように意識し、良かった部分はさらに伸ばし、仕事の質を向上させる。これらがグループを引っ張る力、リーダーに必要な条件だと思います。

それから、対話ができる人。やはり何事も話し合わなければなりません。一人の力なんか限られている。たとえば経団連の会長も一人で務めているわけではありません。トヨタ自動車の奥田碩さんや東京電力の平岩外四三さんが会長になったときも一〇〇人以上のブレーンを連れて行ったと聞いたことがあります。やはり一人の力ではないんです。

スポーツにたとえるともっとわかりやすい。チームを強くするために外国からコーチを呼ぶのですが、この場合一人だけのことが多かった。しかし、コーチ一人だけということはあり得ません。栄養学専門のスタッフ、トレーニング専門のスタッフ、メンタル専門のスタッフ……たくさんのブレーンが必要なのです。

最後にこの一言を。

「明るい人、すべてに明るさを見て暗さを見ず」

営業マンに望むこと

マーケティングに欠かせないＡＩＤＭＡ（アイドマ）の法則をご存知でしょうか。広告宣伝に対する消費者の心理のプロセスを示した略語です。Attention（注意）→Interest（興味）→Desire（欲求）→Memory（記憶）→Action（行動）。消費者が商品を認知、認識してから購買に至るまでの消費活動の過程を意味しています。やや古いんですが、一九二〇年代にアメリカの販売・広告の実務書の著作者サミュエル・ローランド・ホールという人が著作中で示したもので、日本でも戦後しばらく経ってからよく知られるようになりました。人を惹きつけようというときには、相手にどのように関心を抱かせるかという意味で、こうした法則をわきまえていることが必要です。

ＰＤＣＡという用語はしょっちゅう耳にされているでしょう。計画（Plan）→実行（Do）→評価（Check）→改善（Action）。その反復。お客さんに対して自分はどの程度売っていきたいのか、どういう付き合い方をしていきたいのか、それにはどういう作戦がふさわしいのか、を自分自身で考えるということ。

それから、お客さんにＶＡ提案ができるかどうかということ。ＶＡはValue Analysis（価値分析）の頭文字です。

商品に対して必要とされる機能や品質を考えて現状を分析し、コスト低下につながる代替案を提案する。お客さんにとってのメリットを第一に考慮する改善手法であるということを明確に言えるようでなければなりません。それによって、ＷＩＮ―ＷＩＮ（ウィン―ウィン：双方がうまくいっていること）の状態にする。一方的に買ってもらうだけということではなく、逆に買ってあげるということもある、そういう互恵関係。戦略的パートナーシップとも呼ばれます。これが大切なことです。買ってもらったら、その相手先の会社の商品について営業協力をしてあげる。それが営業マンとしての手腕になる。

いまやインターネット全盛時代で、最近の営業マンはメールなどのやりとりばかりで、お客さんの会社へ行かないんですね。あくまでも基本はフェイス・トゥ・フェイス。先方の会社へ行って、直接に面と向かって営業しないと始まらない。行けばいろいろな話が出るんです。そこからビジネスチャンスが生まれ、営業拡大につながることも多い。

自社商品の差別化をどの程度までアピールしていますか。ほかのメーカーとこういう点がはっきり違いますと明確に説明できるかどうか。

それから、キャッシュフロー。これも営業マンとして大切なことです。日常的な営業活動によって実際に得られた収入から外部への支出を差し引いて手元に残る現金資金の流れ。売りっぱなしの営業マンもいるんです。いつ入金があるのかがはっきりしない。このキャッシュフローが成り立たないと会社はつぶれてしまいます。

もうひとつ、粘り強く実績を残すということ。思いが強いほど、意志が強いほど、粘り強くなるんです。そして、達成したときの喜びを知れば知るほど、粘り強くなるんです。

視野、識見、一般常識を持ちなさい。これも私が先ほどから力説していることです。

これについては、おもしろい話があって、アメリカのバイヤーがこう言ったというんです。日本人は「これくらいまけときまっさ」と価格の話しかしない。ヨーロッパ人は世間話をし、時事問題を語り、最後の最後に「当社の製品をよろしく」と言い残して帰る。初めのうちは「まけときまっさ」の話に乗ってしまうだろうが、この人と付き合って何がプラスになるのかと考えてしまう、と。

先ほどもお話ししましたが、私が営業マンとして勤めていた新日鉄の鋼板の価格は他社製と比べて比較的高いほうだと思っていた。それでもトヨタ自動車への納入シェアはトップクラスだったと記憶しています。それは何かといえば、商品の優位性のみならず、社員同士の交流なんですよ。いろいろな議論をする機会が多く、それを通して精神的な結び付きが芽生える。視野、識見、一般常識を持っていないと営業マンとして評価されないし、品物を買ってくれるまでに至りません。

信用・信頼が大切なことは、いうまでもありません。

横浜市長の林文子さんは、かつてBMWのトップディラーでした。五年間に数百台を販売し、その後社長の抜擢で初の女性支店長に就任した。業績の悪い販売店に赴任して、部下の長所を徹底的に褒めて潜在能力を引き出すことで、成績トップの店舗に立て直したといわれています。

彼女が書いた本は泣かせますよ。「私が売っているのは車ではありません。私を売っているのです」と。お子さんの進学はどこの学校がいいか、あるいは、生命保険に入るにはどれがいいか、その病気だったらどこそこの病院の何々という先生がいい、といったようなことについて親身になってお客さんの相談に乗り、アドバイスをする。何度も会って、そうしたいろいろな話をして、そうして最後に、車を買ってくれる。

次に、総合営業ができているかどうか。

もっと具体的に言いましょう。お客さんをAランク、Bランク、Cランクというふうに分けていますか。計画訪問していますか。週一回のお客さん、月一回のお客さん、三か月に一回のお客さん。

もっと初歩的なことをいいましょう。クイックレスポンスができていない。社内に対しても、社外に対しても。イエスかノーか、はっきり言えない。しかも、ほとんどインターネットを使ってやっている。やはり生の声ですよ。電話をしてもなかなか出ない、伝言してもあとからかかってこない。忙しいのがあたりまえになっているんですよ。

それと、営業マンがしつこくないですね。いまの世の中、足りているんです。会社も家庭も。そこへ売り込みに行くんですよ。そういう観念を持たない限り、しつこくはなれません。こっちからしつこくアポイントを取り、しつこく相手の考えていることを聞き、競争の中に参入していく。そういうものだと考えないといけません。

私が感じるのは、成功パターンが分析され、利用されていないということです。たとえば、商売の情報がどのようにして取れたか、商売がうまくいった決め手は何だったのか、といった成功パターンを分析し、フォーメーション化し、繰り返しそれを実行することです。

普通の場合、仕事を出す人と仕事をもらう人は主従の関係になり、もらう側はへりくだって、なかなかいろいろなことを話せないことが多い。そうではなくて、契約すればパートナーになるという意識を持ってほしい。パートナーであれば、何かにつけて積極的に話せるんです。

「全体の注文はこれからどれくらいあるんですか」

「その注文はいつ決まるんですか。誰が決めるんですか」

「いや、それはできません。無理ですよ」

こういうことはパートナーになってはじめて話すことができるんです。へりくだって、主従の関係で仕事をいただくという姿勢でいる限り、遠慮して何も話せませんね。

重要なのは、マーケット調査です。営業というのは最先端なんです。家電業界でいえば、大手量販店がメーカーより強くなっている。お客さんがどういう製品を求めているかというのは量販店の店員のほうが詳しい。「こういう安くて便利な製品をつくらなければ売れませんよ」とメーカーに注文をつけて、メーカーは「はい、わかりました」と。そういうマーケット調査、流通調査が必要なんです。どの分野に需要があるか、競争相手はいるのか、価格はどれくらいか、どれくらいの注文量かなど、自分たちがやるのはもちろんですが、それたけでなく流通筋、代理店、調査会社などからも情報を吸い上げるようにしましょう。

さらに重要なのは、組織営業です。たいがい個人に任されているんですね。会社には係長がいて課長がいて部長がいて、その上に取締役がいて社長がいる。この段階で課長を使う、この段階で取締役を使う、ここまで来たら社長を使う。こういうことをどんどんやるべきです。あまりにも個人で抱え込んでいませんか。

もちろん、先ほど言ったようにお客さんをAランク、Bランク、Cランクと分けた上での話ですよ。しっかり注文を出してくれるところには相応の対応をする。これが原則です。

「仕事の心得一〇条」

以前私がお手伝いしていた電気制御器具メーカーの社訓に「仕事の心得一〇条」というのがありました。墨書きして額に入れて会社の壁に掲げてあった。これはすばらしいと感銘を受けましたので、ここにご紹介します。

一、実力の差は努力の差。
二、実績の差は責任感の差。
三、人格の差は苦労の差。
四、判断の差は情報の差。
五、真剣だと知恵が出る。
六、中途半端だと愚痴が出る。
七、いい加減だと言い訳ばかり。
八、本気でやればたいていのことはできる。

九、本気だから何でもおもしろい。
十、本気だから誰かが助けてくれる。

会社生活をしていて役立った教訓

良い言葉が人生を豊かにします。

先ほどお話ししたように、私は「これは良い言葉だな」「これは後輩たちにも教えてあげたいな」と思ったらすぐに手帳にメモするようにしています。そうした教訓になっている言葉のいくつかをここでは紹介しましょう。（100ページ参照）

物事は情理で決まる

物を判断するときには情緒、感情などの〝情〟と理屈、原理などの〝理〟で決まる。もう少しわかりやすく言えば、いまの社会の尺度は「儲かればベスト」なんです。〝理〟とは、儲かるか儲からないかという判断が多い。「あの人にお世話になった」あるいは「この人を育てて能力を伸ばしてやろう」といった〝情〟の分野での判断要素はきわめて少ない。それでいいんだろうかと思わざるを得ない。会社にとって、このことは後述の「論語と算盤」に通じます。

家に机

世の中は利益、合理化、スピード優先で、とにかく追いまくられている。余裕なんかない。家へ帰ってゆっくり考える時間はありますか。

私にはかつて良い先輩がいて、私が就職してしばらくしてから、「おい、一万円くらいの立派な机を買っておけよ」と酒の席で言う。当時初任給は一万五〇〇〇円ほどでした。私はまともにその先輩の話を聞いて、飲みに行くのをやめたりしてお金を貯めて、買いました。これ、いまだに持っています。

営業でしたから、毎晩遅くなる。土日もゴルフ。しかし、机があると一〇分でもそこに座るんですよ。これは子供の教育にも良くて、私の息子はいま四八歳ですが、「昔おやじはよく遊んでたけど、夜遅く家へ帰ってからも机へ向かっていたよな」といまだに言います。男は背中で語れ、とよく言いますが、そういう意味でも良かったし、それとやはり、何かを考えるためには環境をつくらなければなりません。

いまなら一万円出せば立派な机があります。パソコンを置ける机と椅子。ほっとする時間が得られるし、自分を見直す時間にもなります。スローライフという言葉を聞かれたことがあるでしょう。もう少し人生をゆっくり進もうと。仕事に追いまくられて、ゆっくり考える時間がない、というのは問題です。考える、ということは大切なことです。考えないがために無駄な仕事をたくさんやっているんです。

規範のない社会は秩序が乱れストレスがたまり自殺者が増える

前半部でご紹介したドラッカーの言葉です。何があっても不思議でない時代、いまの世の中何が道徳で何が価値基準なのかはっきりしない。そのためにストレスがたまり、自殺者が増える、とドラッカーは言う。やはり規範、ルールはきちんとつくらなければならない。

「残業で夜遅くなるからなかなかきちんと話す時間がないね。朝もうちょっと早く出社してミーティングをやろうよ」などとグループ内で取り決める。そういうルールをそれぞれの場所でつくることが一致団結のための一つの方法だろうと思います。

近江商人三方良し

近江というのはいまの滋賀県。大坂商人・伊勢商人と並ぶ日本三大商人の一つとされています。三方というのは「売り手」「買い手」「世間」のこと。売り手の都合だけで商いをするのではなく、買い手が心の底から満足し、さらに商いを通じて地域社会の発展や福利の増進に貢献しなければならない。そういう理念です。

アメリカのトランプ大統領はDEAL（取引）という言葉をよく使う。売る人と買う人だけで話を決めていこうと。そういう意味では、むかしの日本人のほうがすぐれていた。売り手良し、買い手良し、だけでなく、世間も良し。あるテレビ番組で解説者が「日本には古くからこういう良い教えがあるんですよ」と紹介していました。

会社生活をしていて役立った教訓。

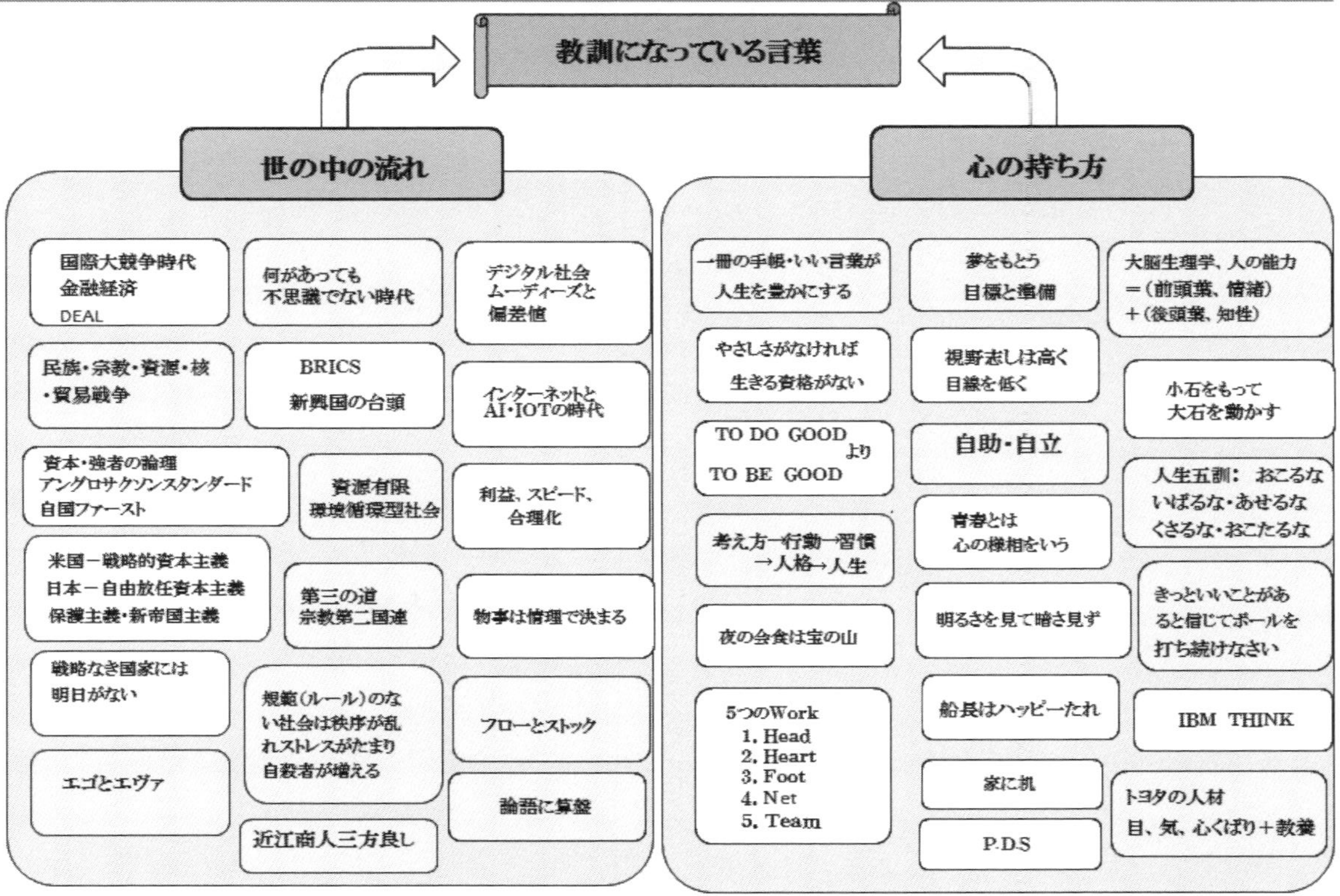
教訓になっている言葉
世の中の流れ
国際大競争時代
金融経済
DEAL
何があっても
不思議でない時代
デジタル社会
ムーディーズと
偏差値
民族・宗教・資源・核
・貿易戦争
BRICS
新興国の台頭
インターネットと
AI・IOTの時代
資本・強者の論理
アングロサクソンスタンダード
自国ファースト
資源有限
環境循環型社会
利益、スピード、
合理化
米国－戦略的資本主義
日本－自由放任資本主義
保護主義・新帝国主義
第三の道
宗教第二国連
物事は情理で決まる
戦略なき国家には
明日がない
規範(ルール)のない社会は秩序が乱れストレスがたまり
自殺者が増える
フローとストック
エゴとエヴァ
論語に算盤
近江商人三方良し
心の持ち方
一冊の手帳・いい言葉が
人生を豊かにする
夢をもとう
目標と準備
大脳生理学、人の能力
＝(前頭葉、情緒)
＋(後頭葉、知性)
やさしさがなければ
生きる資格がない
視野志しは高く
目線を低く
小石をもって
大石を動かす
TO DO GOOD より
TO BE GOOD
自助・自立
人生五訓：おこるな
いばるな・あせるな
くさるな・おこたるな
考え方→行動→習慣
→人格→人生
青春とは
心の様相をいう
夜の会食は宝の山
明るさを見て暗さ見ず
きっといいことがあると信じてボールを
打ち続けなさい
5つのWork
1. Head
2. Heart
3. Foot
4. Net
5. Team
船長はハッピーたれ
IBM THINK
家に机
トヨタの人材
目、気、心くばり＋教養
P.D.S

論語と算盤

渋沢栄一氏は、たくさんの味のある言葉を残しています。「論語と算盤」というのは氏の著書のタイトルでもあります。各地で演説した内容をまとめて一冊の本にしたものです。

この本の中で氏は道徳を「論語」、経済を「算盤」にたとえて、その二つを一致させることが必要だと説いている。この「道徳と経済を調和させる」という考え方が彼の経営哲学です。先ほど礼・信・仁・義の大切さを孔子の言行録である『論語』から引きましたが、氏は常日頃この古典を自分の傍らに置いていたそうです。

企業は設備投資も人材開発もしなければなりませんが、社会貢献のためには儲けなければなりませんね。これが「算盤」。しかし、それだけでなく、いろいろな勉強や人生経験もしなければならない。「あの人にお世話になって感謝したい」「ここはこういう信念で進もう」といった志、理念を持った会社にならなければならない。氏はそう言っています。儲け第一主義のいまの世の中では大変感銘深い教訓だと思います。

以下にご紹介するのは、私のお手伝いしている会社で実際の商売上起きたことです。取引先への支払いをその取引で利益が確定された財源でまかなおうとすると、確定されるのに時間がかかれば支払いもそれだけ延びることになります。これを算盤（利益）主義と考えれば、この方針を変更して、支払い財源をその会社全体の苦しい利益の中から捻出し、期日内に支払うことにする、これを論語（信義則信用）主義と考えることができます。実際にこの会社では、論語主義への変更によってプラスイオンが発生し、取引先の現状認識の寛容力、予見力によって商売が拡大へ向かっています。

心が変われば行動が変わる。行動が変われば習慣が変わる。習慣が変われば人格が変わる。人格が変われば運命が変わる

アメリカの哲学者・心理学者のウィリアム・ジェームスの名言のひとつです。私はここでは、この「心」を「考え方」に置き換えてお話ししたいと思います。

考え方は何によって変わるのか。やはり本をよく読むということですね。人の話をよく聞くということですね。それから、旅に出ること。旅に出ると「このままでいいんだろう

か」と、自分を反省することができるんですね。

それと、もう少し厳しい言い方をすれば、考える力は学問をしないと身に付かない。私個人の話をさせてもらうなら、本を読んだりニュース解説のテレビ番組を観たりして特に土日は朝から忙しい。当然早起きになって習慣が変わる。すると、なるほど人格も変わってくる。こうして一人前に理屈っぽい話もできるようになる(笑)。いろいろな人に自分の経験した喜怒哀楽のエピソードなどを伝えることができる。いま七七歳の喜寿ですが、人生が楽しいです。

人生五訓：おこるな・いばるな・あせるな・くさるな・おこたるな

私はお寺の出なんですが、これは京都の嵯峨野にある二尊院に伝わる天台宗の教えだそうです。実に味わい深い、いい言葉だと思います。

似たようなことをかつてプロゴルファーの岡本綾子さんが言いました。日本の女子選手で初めて本格的にアメリカＬＰＧＡツアーに参戦したときのこと。「あせらず、くさらず、ひるまず」と。

船長はハッピーたれ

二〜三〇万トンのタンカーには乗組員がやはり二〜三〇人いるそうです。その同じ乗組員が半年間いっしょに船の上で生活する。だから、船長が楽しい人でないと窮屈でしかたがないといいます。リーダーがハッピーでなければ部下もハッピーにならない。

夜の会食は宝の山

私は営業畑が長かったんですが、土日もゴルフはあるし会食もあるし、大変だった。でも、その会食では、だいたい会社か個人の自慢話をするんですね、みなさん。その人の人生を語ったり、会社のエピソードなんかをしゃべってくれる。私は先ほどご紹介した手帳にそれをメモしようかと思ったんですが、宴会の途中に手帳を取り出して書いたりしていると場が白けます。そこで、割り箸の袋の余白に見出しのような簡単な言葉で書いておく。で、忘れそうになると、トイレへ行って書き加える。そこから得た教訓は少なくありません。

TO DO GOOD より TO BE GOOD

もともと経済学者ジョン・メイナード・ケインズの唱えたフレーズだそうです。私が知ったのは、岩田松雄さんの著書『ついていきたいと思われるリーダーになる51の考え方』の中でした。岩田さんは外資系コンサルタント会社やゲーム会社の代表取締役などを経て、スターバックスコーヒージャパンのCEOとして活躍されました。

組織の上へ行くにつれてスキルよりも人間性が求められる、「仕事ができるが、性格が良くない」よりも「仕事はいまひとつだが、性格が良い」人物を大切にすべきだ、ということなんです。スキルだけ高めてもいずれ限界がやってくる。高めるべきは人間性であり、人間の徳を積むべきであると。

私はスポーツ選手にこの言葉をよく言うんです。いくら試合で活躍しても、社会人としての一般常識がないとプレイヤーとしても評価されないよ、引退したあとの人生がおもしろくないよ、と。

ＩＢＭのモットーはＴＨＩＮＫ

ＩＢＭの創立者トーマス・ワトソンはこう言いました。考えることはあらゆる前進を生み出す源である、と。「考えていません」は世界に何一〇〇万ドルの損失も与えてしまうことになる、とも。

仕事の面では、与えられている条件を疑ってかかれ、ということかもしれませんね。

仕事には5つのＷＯＲＫ

head work（頭を使う）、heart work（心をつかむ）、foot work（足さばきと身のこなし）、net wrk（情報や人脈のつながり）、team work（いわずとしれたチームワーク）の五つを指します。この五つのＷＯＲＫを意識することが重要です。

一期一会《いちごいちえ》

「あなたとこうして出会っている時間は二度どとめぐってはこない、たった一度きりのものです。だから、この一瞬を大切に思い、いまできる最高のおもてなしをしましょう」という茶道に由来する諺。茶の湯の一種わび茶の完成者として知られ、〝茶聖〟とも称せられた千利休の言葉といわれています。茶の心得がないとしても、人との出合いは大切にしたいものです。

タフでなければ生きて行けない。優しくなれなければ生きている資格がない

アメリカのハードボイルド作家、レイモンド・チャンドラーが『プレイバック』という小説の中で名探偵フィリップ・マーロウに言わせているせりふです。

青春とは人生のある期間ではなく、心の持ち方をいう

アメリカの詩人サミュエル・ウルマンが書いた詩の一節です。

私は七七歳ですが、若い学生たちと付き合っていますので、精神的にも若いし夢がいっぱいある。夢を持つことは歳に関係ないんですね。

せっかくの機会ですから、この『青春』という詩の全文をここに載せておきましょう。

青春とは人生のある期間ではなく
心の持ち方をいう
バラの面差し　くれないの唇　しなやかな手足ではなく
たくましい意志　ゆたかな想像力　もえる情熱をさす
青春とは人生の深い泉の清新さをいう

青春とは臆病さを退ける勇気
やすきにつく気持ちを振り捨てる冒険心を意味する
ときには二〇歳の青年よりも六〇歳の人に青春がある
年を重ねただけで人は老いない
理想を失うとき　はじめて老いる
歳月は皮膚にしわを増すが　熱情を失えば心はしぼむ

苦悩　恐怖　失望により気力は地に這い精神は芥になる

六〇歳であろうと一六歳であろうと人の胸には
驚異にひかれる心　おさな児のような未知への探求心
人生への興味の歓喜がある
君にも我にも見えざる駅逓《えきてい》が心にある
人から神から美　希望　よろこび　勇気
力の霊感を受ける限り君は若い
霊感が絶え　精神が皮肉の雪におおわれ
悲嘆《ひたん》の氷にとざされるとき
二〇歳だろうと人は老いる
頭を高く上げ希望の波をとらえるかぎり
八〇歳であろうと人は青春の中にいる

（作山宗久・宇野收共訳）

運のよくなる一〇か条

（112ページ参照）

人生は運・鈍・根だといわれます。成功を収める上で重要とされる三つの資質。運はよくツキに恵まれていること、鈍はタフで粘り強いこと、根は根性・根気があること。

では、その一つである運はどのようにすれば身に付いてくるのでしょうか。スポーツをやっていると、勝ち負けには運がつきものです。勝つためにどうすれば運を呼び込めるか、私は真剣に考えたことがあります。

まず大切なのは、あたりまえですが、他人のしていない努力をするということ。基本はよく学び、よく考えることです。次に、身近な目標を具体的に立てて、こうありたいという夢をしっかり持つことです。そして、自分に暗示をかける。イメージトレーニングですね。これがスポーツの世界でも大切なんです。私はバスケットボールで、ポイントゲッターであるとともにリードマンでもあった。で、よくシュートが決まったときには自分に暗示をかけていました。全体練習が終わったあと一人で五〇本のシュート練習をしていた。それで、「人よりも練習しているから、自分のシュートは入る」と自分に言い聞かせたわけです。

スポーツ絡みでついでに言うと、アテネと北京のオリンピックで金メダルを取った水泳の北島康介選手。あるインタビューで「なぜ上がったりしないのか」と強さの秘訣を尋ねられると、即座に「準備です」と答えた。「自分は世界のどの強豪選手よりも練習して、人一倍準備していると自分に言い聞かせています」と。

仕事でも同じです。各年度ごとの締めがあって、その目標達成のために何をするか。準備ですよ。では、何を準備するのか。これは先ほどお話した「考える」ということにつながっていくんです。すなわち、「仕事の成功は準備だ」と暗示にかけるということです。

自分の勝つパターンを意識する。これも大切ですね。たとえば、私は朝出勤してすぐに難しい仕事なんかしません。簡単なアポイントメントや報告、連絡、予定を確認します。そうして、おもむろに難しい仕事モードに入る。つまり、リズムを大切にしているわけです。

運のよくなる10ケ条。

－人生は運（ツキ）、鈍（タフ）、根（根性）だと言う、その運はどのようにすればついてくるか。－

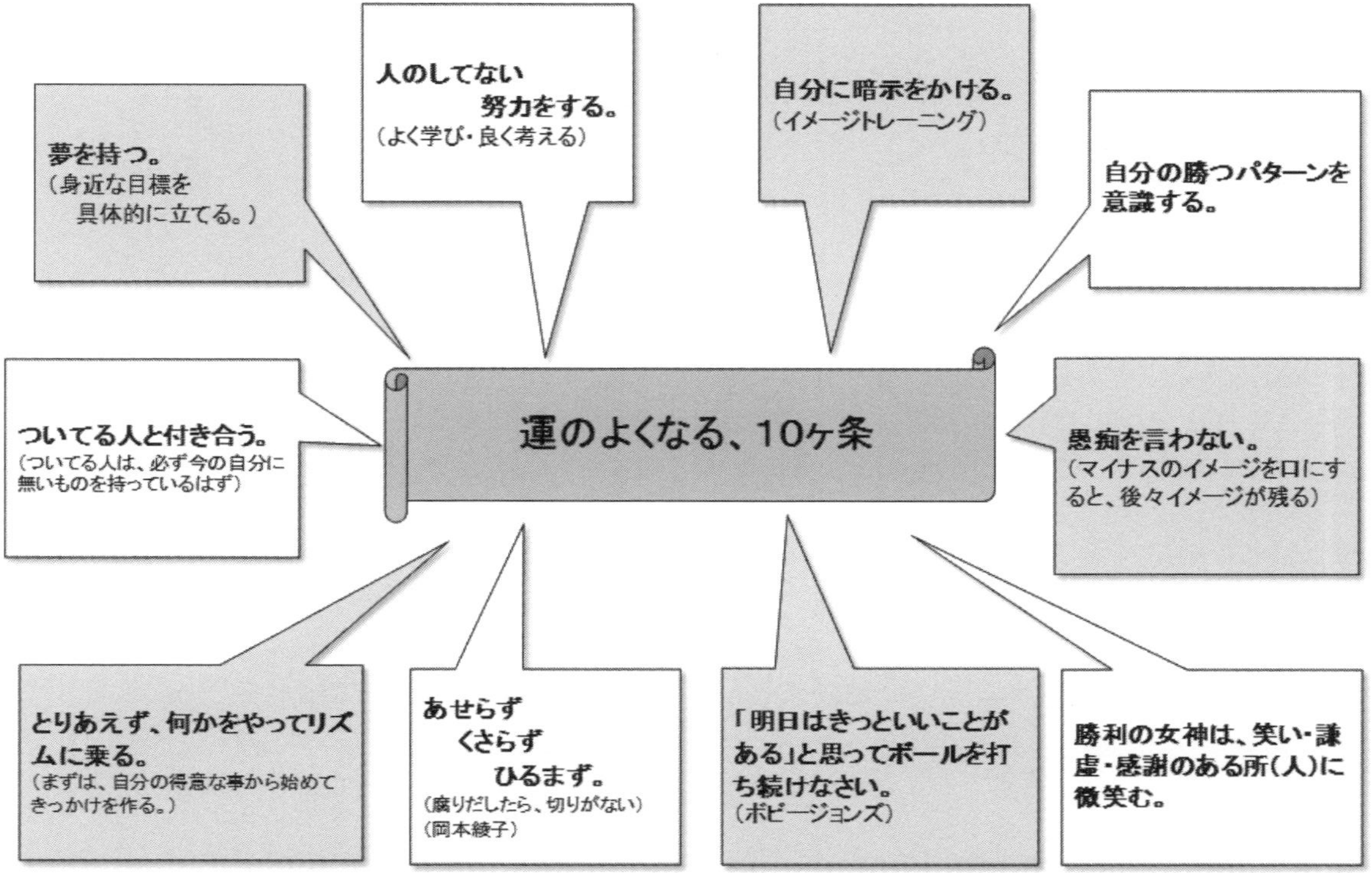

昔の中国は群雄割拠で戦争ばかりやっていましたが、その中から生まれた孫子の兵法は時代を超えて成功者たちに読み継がれ、いまなお絶大な影響力を持つ名著です。「戦わずして勝つ」が有名ですが、この中の一節に「小石をもって大石を動かす」というのがある。山の近くのせせらぎで小さな石がころっと動き出す。これが徐々に勢いをつけると、下流で岩を動かすこともできるようになる。いくら小さな諍《いさか》いでも、それに勝つとリズムに乗っていける、勢いづいて大きな戦いにも勝つことができるということです。自分のリズムに乗るパターンは、小さなことから大切にするということです。バスケット界の名監督、故吉井四郎先生から私はよくこの言葉を聞かされました。メンバーチェンジで途中から試合に出るとき、ただ漠然といいプレーをしようと思って出るよりも、まず自分の得意なプレーに徹していいリズムをつかめ、と指導されたものです。

それから、これはやや情緒的な話になりますが、運に恵まれた人と付き合う。ツイている人は、必ず自分にないものを持っているはず。そして、愚痴を言わない。マイナスのイメージを口にすると、あとあとイメージが残るんです。負け癖がついてしまう。あいつは愚痴ばかり言ってめそめそしている泣き虫だと指を差される。

またまたゴルフの話になりますが、自制心に富むプレー態度から〝球聖〟とも呼ばれた名ゴルファー、ボビー・ジョーンズは「いつか幸運が訪れることを期待して、努力を続けなさい。明日はきっといいことがある、と思ってボールを打ち続けなさい」と言っている。

将棋の世界でいえば、元名人の米長邦雄永世棋聖がこんなことを言っている。強敵がいてなかなか勝てなかった。どうして勝てないんだろうと愚痴をこぼすと、ある先輩棋士が「おまえ、先祖の墓参りに行ってないだろう」と話した。それを実行し、何事にも感謝するようにした。そうすると勝運が向いてきたというんです。

勝利の女神はどんな人に微笑むのかというと、まずは感謝の気持ちを持つ人。謙虚な人。そして、人を笑わせる人。ユーモアがないとツキを呼び込むことはできません。そして、明るさを見て暗さを見ないこと。特にリーダーになると、どうしても部下の欠点ばかりが目についてしまうんですね。

私の会社像について

（116ページ参照）

と、ここまで、企業が求める能力を身に付けるにはどうすればよいのか、参考になる事柄を具体的、基礎的に述べてきましたが、一般論はこれくらいにして、ここからはもっと実践的な仕事の取り組み方について述べていきたいと思います。

私の会社像。これはいろいろあります。理念の追求、社会貢献と社会責任、株主への配当、会社の規律、利潤の追求。これらはあたりまえと思われるかもしれない。もう一つ付け加えると、私は先ほど申したようにお寺の出なものですから、人間修業。会社は修業の場だと思います。楽をしてお金をもらって、ではなく、目標達成のための修業をして、その上でお金をもらって生活していく。このあたりの解釈の仕方が欧米とはやや違うかもしれません。

会社は社員の幸せを願うところですが、株価第一主義に走りすぎているため、最近のア

そもそも会社とは・私の会社像とは

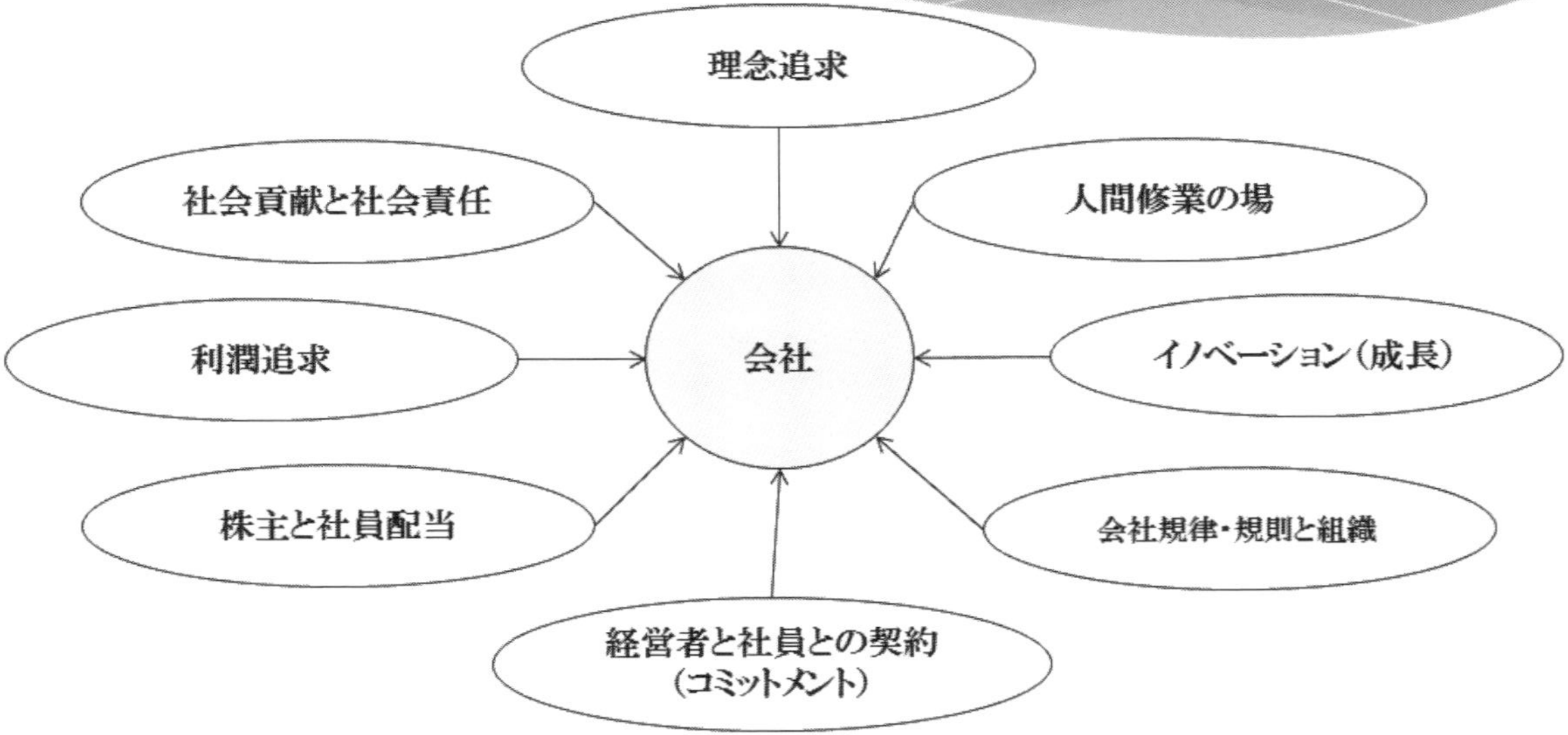

＊仕事の結果＝考え方×努力(熱意)×能力。
考え方＝何かに迷ったとき判断の基準となる正しい「考え方」を持つことが大切。

能力＝人間関係・視野、識見・創意企画力・情報収集力・折衝実行力・分析力・職務知識。

(参照 「考え方」 稲盛和夫 著)

2

メリカの経営者団体が「会社が求める優先順位は①顧客②従業員③取引先④地域社会⑤株主である」と発表した。従業員の順位が以前と比べて上がっているのはいいことだと思う。会社はやはり競争の世界ですから、生きるか死ぬかという、一種の戦場ですよね。少なくともそういう気持ちで仕事をしないと激しい生存競争に打ち勝つことはできない。

問題を起こしたカルロス・ゴーンさんですが、ある一面では良い文化を教えてくれたのではないかとも思います。コミットメントという言葉を彼は使っていた。経営者と従業員が約束することによって会社は成り立つ、と。営業マンはなんとしてでも販売計画を達成しなければならない。なぜなら、それを経営者と約束したのだから。その約束の実現が会社が存続し成長していく前提になっているのだから。

私はこのコミットメントという言葉が気に入っています。これだけ売ろうと両者でよく話し合って、目標を決め、達成するためにの努力し、工夫し、実行する。その中で修業していくことではないかと私は考えています。

会社の論理過程と論理思考

（120ページ参照）

ここからは、会社全体の事業推進がどのように行なわれているのか、その論理過程と論理思考を具体的にお話ししたいと思います。わかりやすい事例があったほうがよいでしょうから、ここではSECエレベーターとはやや業態が異なる会社をとり上げましょう。私が現在エグゼクティブ・アドバイザーとして仕事をお手伝いしている株式会社テクノシステムです。ここは太陽光発電やバイオマス発電などの再生可能エネルギー事業、淡水化事業、デリシャスサーバーや移動車販売などのフードシステム事業を基軸にしている会社です。

まず、「世の中の動き」はどうか。先ほど来申し上げている通りです。不確定な時代であり、貿易戦争、金融戦争が熾烈を極めている。一方で、国連が主導するSDGs（44ページ参照）のような環境循環型社会の追求もめざましい。地方創生の追求もまた特徴的です。

その中での、会社の「理念」は何か。ＳＤＧｓに沿って電気（再生可能エネルギー）、水（海水の淡水化）、食（簡易衛生食堂）で社会に貢献し、社会から信頼される会社、社員をめざすこと。これが第一。

金融経済の中で、会社の評価はどのようになっているのか。先ほど言ったように、ムーディーズなど会社格付けの国際的な機関は株価によってＡＡＡからＣＣＣまでランク付けする。では、株価を上げようとすればどうしたらよいのか。簡単な話です。利益を出せばいいんです。では、利益を出すにはどうすればいいか。極端なことを言えば、給料を上げない、新規採用しない、設備投資しない、修繕しない。こういう株価第一主義を奉じる経営者が多いのではないでしょうか。こういう風潮を改革しようとしているのがＳＤＧｓではないかと考えます。そして、本格的にＳＤＧｓの課題に真正面から取り組み、実行しようとしているのがテクノシステムです。ちなみに、同社の生田尚之社長はときあたかも最近『ＳＤＧｓが地方を救う』と題した書籍を出版しています。

「業界での位置付け」は、環境循環型社会の実現をめざす新しい総合会社。理念達成のた

会社の仕事はどのように行われているか。論理過程と論思考は下記の通り。

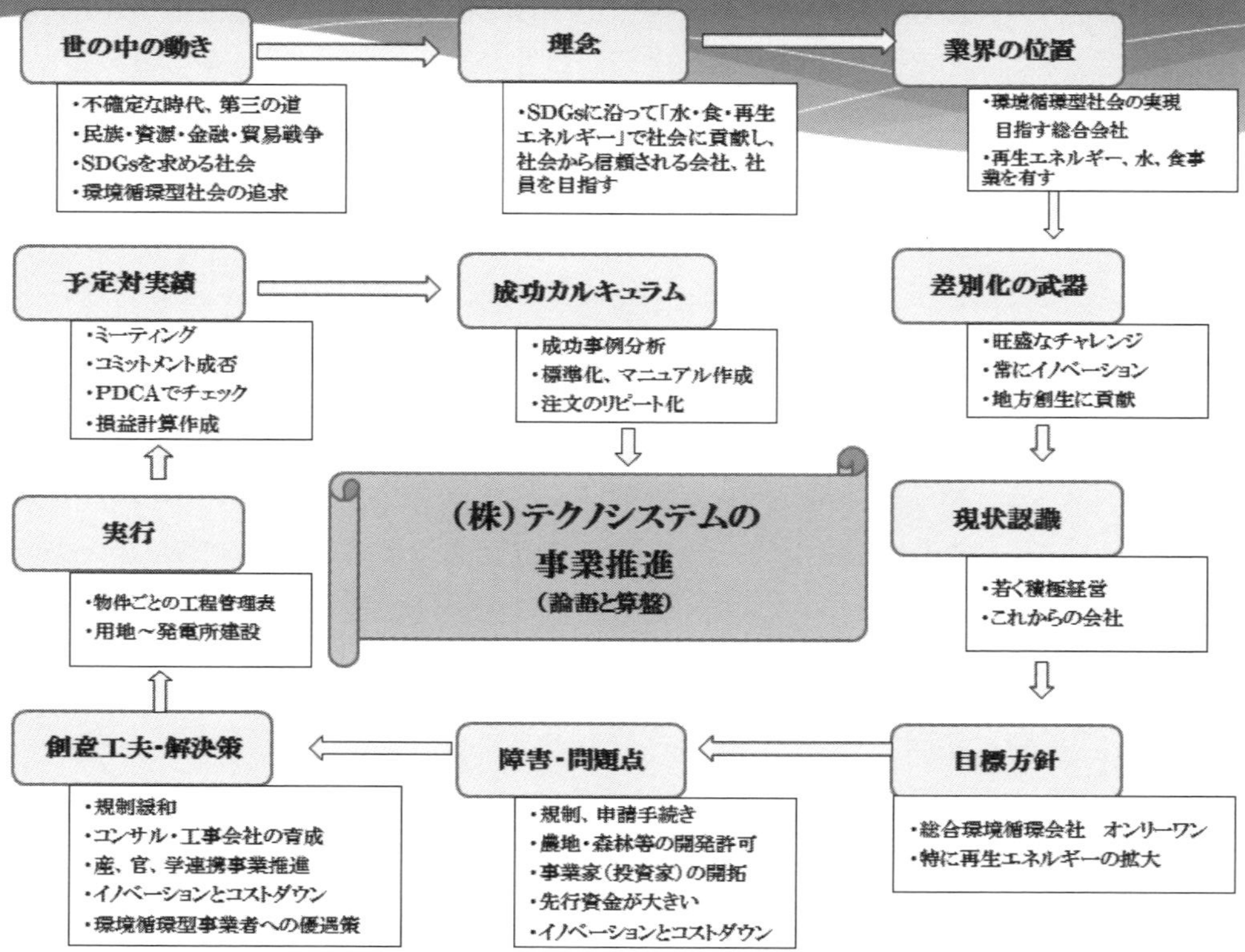
世の中の動き
・不確定な時代、第三の道
・民族・資源・金融・貿易戦争
・SDGsを求める社会
・環境循環型社会の追求
理念
・SDGsに沿って「水・食・再生エネルギー」で社会に貢献し、社会から信頼される会社、社員を目指す
業界の位置
・環境循環型社会の実現 目指す総合会社
・再生エネルギー、水、食事業を有す
予定対実績
・ミーティング
・コミットメント成否
・PDCAでチェック
・損益計算作成
成功カルキュラム
・成功事例分析
・標準化、マニュアル作成
・注文のリピート化
差別化の武器
・旺盛なチャレンジ
・常にイノベーション
・地方創生に貢献
実行
・物件ごとの工程管理表
・用地～発電所建設
(株)テクノシステムの
事業推進
(論語と算盤)
現状認識
・若く積極経営
・これからの会社
創意工夫・解決策
・規制緩和
・コンサル・工事会社の育成
・産、官、学連携事業推進
・イノベーションとコストダウン
・環境循環型事業者への優遇策
障害・問題点
・規制、申請手続き
・農地・森林等の開発許可
・事業家（投資家）の開拓
・先行資金が大きい
・イノベーションとコストダウン
目標方針
・総合環境循環会社　オンリーワン
・特に再生エネルギーの拡大

めの「差別化できる武器」は、旺盛なチャレンジ力とイノベーション力。

「会社の現状」はどうだろうか。会社は比較的新しく、経営者も若くて積極果敢。とりわけイノベーションへのチャレンジが特徴的で、まさしく、これからの会社である。

では、「目標」はどこに置くべきか。

「総合環境循環会社のオンリーワンになろう」

これを全社員一致の目標に掲げましょう、と私はご提案しています。

先日テレビを観ていたら、コマツの坂根正弘相談役が出ていらして「ダントツ会社にならなければだめだ」と力説されていました。そうでないと総花的、手前主義、平均主義の会社経営になってしまうと。ダントツのナンバーワン会社になることを目標にすることによって社員の力を結集させることができるんだと。私はそれを聞いていて、いやいやナンバーワンではなくオンリーワンだ、と思いました。

その目標へ向かうための「課題」は何か。農地や森林の規制問題、官庁や役所などへの申請手続の複雑さ、先行投資の大きさ、事業化（投資家）の開拓。イノベーションとコストダウンも欠かせません。

論理過程と論理思考。

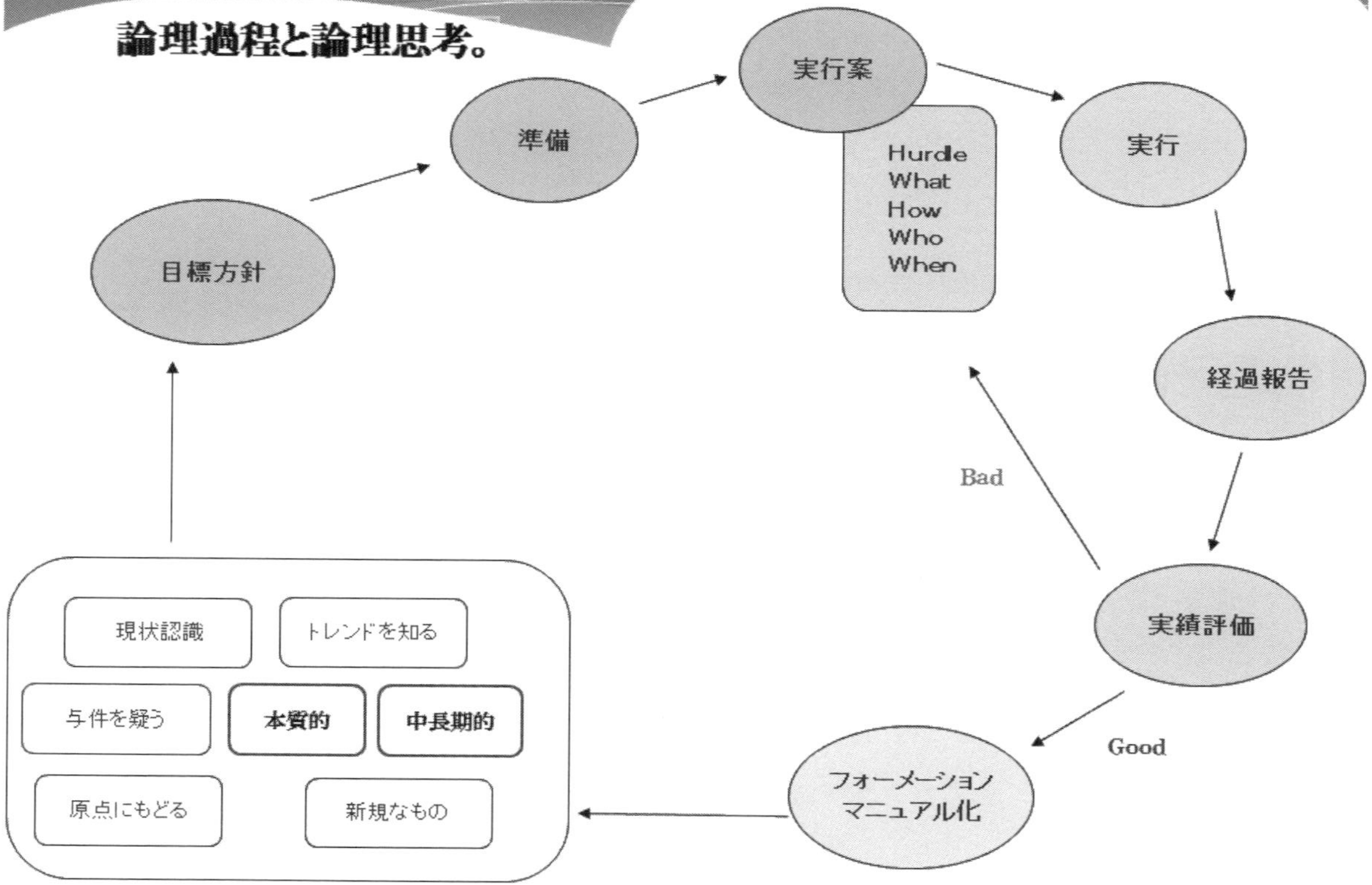
目標方針
準備
実行案
Hurdle
What
How
Who
When
実行
経過報告
実績評価
Bad
Good
フォーメーション
マニュアル化
現状認識
トレンドを知る
与件を疑う
本質的
中長期的
原点にもどる
新規なもの

今後に向けた「対応解決策」は何か。それを考える上で、規制緩和や環境循環型事業への優遇策、地方創生の推進は最低限の条件です。産・官・学の連携も必要になるでしょう。それくらい社会的な課題にしなければならないのではないでしょうか。また、用地確保と対応力のある工事業者の開拓、設計コンサルの育成も求められます。

では、「実行管理」はどのようにするのか。ひとつは、設計コンサルや工事会社との連携を図りながら問題点を解決していく。そして、物件ごとの用地手配から発電所建設に至るまでの工程表作成とそれに伴うコスト管理。

計画と実績管理に関しては、計画通りにきちんと進捗していない場合は、先ほど申し上げたコミットメントがちゃんとできているかどうかの成否をＰＤＣＡでチェックする。本書で述べているような思考方法で良く考え、原因を究明し対策を立てていく。また、企業であれば当然のことながら、儲かっているかどうかの損益計算をする。さらに、積み重ねた「成功事例を分析し標準化」する。その標準の実行を繰り返し、リピート注文にしていく。

会社全体の事業はこういう流れで推進されています。Ｐ（Plan= 計画）は理念であり目標方針。D（Do＝実行）は障害や問題点に対応し解決策を見出し、実行管理までを含む。C（Check＝評価）は計画と実績管理。A（Action＝改善）は成功事例の標準化。——というようにPDCAで動いていることが理解できるでしょう。さらに、PDCAそれぞれの段階で、本書で述べているような思考方法によってよく考え、実現に向けて、それを実行していくことになります。

営業部門の論理展開

（126ページ参照）

次に、実際に会社の実行部門の一つ、営業部門の中でどう具現化するか、という段階へ進みましょう。

たとえば、会社の売上高が落ちてきたとする。その要因は何だろうと考える際には、次の思考方法が手助けとなります。

まず、何でもいいから思いついたことを書き出しなさい、と私は指導しています。これをマップ作戦と呼んでいます。地図のように細かく全部書き出すという意味です。そして、その項目をフラッグとしてたくさん旗を立てなさい、と。これはフラッグ思考方式と呼んでいます。

そして、そのデータをカードに記述し、カードをグループごとにまとめて、大分類から中分類、小分類へと整理して、優先順位をつける。それによって、原因と対策を考える。これをKJ法と呼んでいます。KJは考案者である東京工業大学教授だった川喜田二郎さんのイニシャルです。集まった膨大な情報をまとめるために考案した、大変にすぐれた手法です。

それでは、マップ作戦とフラッグ思考方式を使って、売上高が落ちている要因を書き出し、KJ法を使って解決していきましょう。

「もっと現状分析をしてみよう」
「いまの売り方でいいのか」
「深掘り営業はできているか」

論理思考項目（営業戦略）。「売上高が落ちてきている要因」。
（大分類項目）

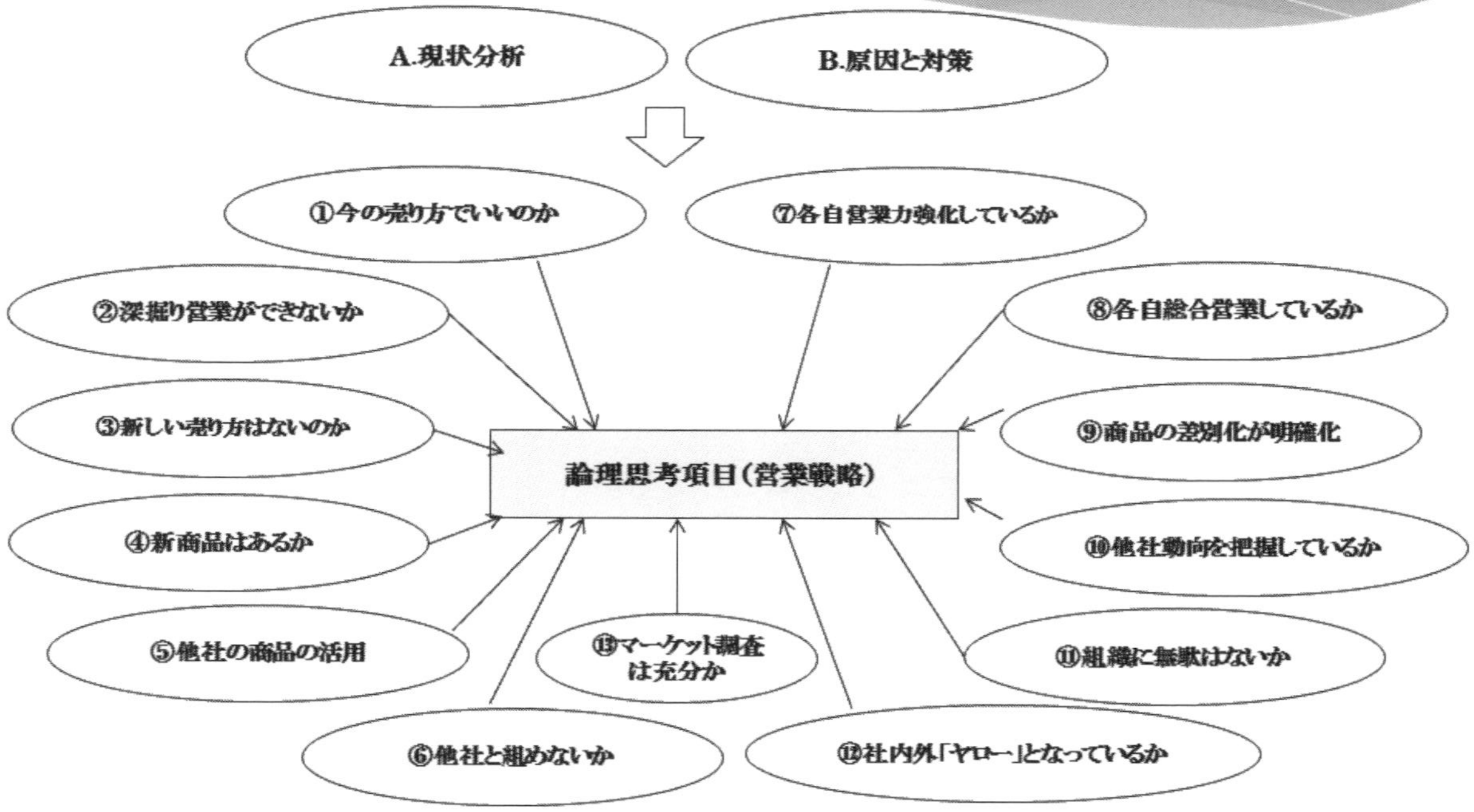

「新しい売り方はないのか」
「新商品はあるか」
「他社の商品をうまく活用できないか」
「他社と組むことはできないか」
「各自の営業力を強化しているか」
「各自で総合営業しているか」
「商品の差別化が明確か」
「他社動向を把握しているか」
「価格、品質、納期で負けていないか」
「在庫が多いのではないか」
「組織に無駄はないか」
「マーケット調査は充分か」

――こういった項目を徹底的に書き出す。

A. 現状分析　B. 原因と対策。
（中分類項目）

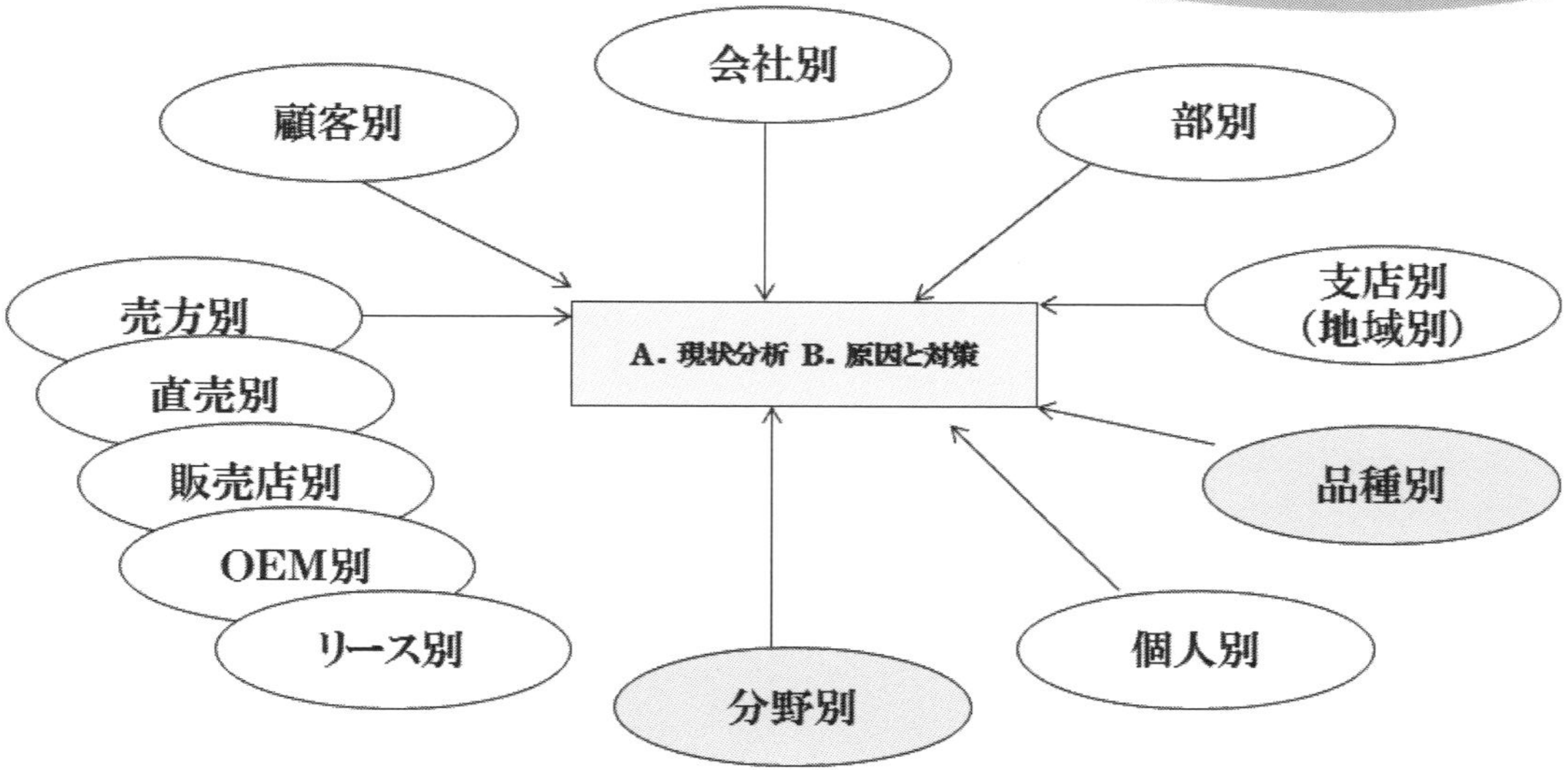

そして、それらテーマごとの各論に入っていき、議論を深めていく。

たとえば「各自で総合営業しているか」のテーマに関しては、関係者が集まり議論することによって次のように決まる。同じ支店内に素材部門と橋梁部門が存在している場合、総合営業したいという Plan（計画）をどのように Do（実行）すればよいか。そのためには二部門が連絡会をつくり、「あの橋梁物件はA社が落札」と橋梁部門から素材部門へ伝えれば、素材部門はいち早くA社に鉄板の営業をかけることができる。これによって契約が成立した。これが Check（評価）です。この成功事例を踏まえてこれからは橋梁連絡会を定例化、ルール化していくことにする。これが Action（改善）です。

次に、「もっと現状分析をしてみよう」のテーマに関しては、支店別・品種別・分野別・個人別などのデータを作成することから始まる。（128ページ参照）それぞれ何が原因で売上げが落ちているのかを考える。品種別で、ある商品が落ちている場合、Plan（計画）はその商品の回復です。Do（実行）では、なぜ落ちたのかをマップ作戦、フラッグ思考方式、KJ法を使い、みんなで議論した結果、需要は一巡し、その商品の寿命が一〇年で、すでに九年経過していたことが明らかになる。そして、今までの営業が新しいお客様中心だったので、営業組織を新しいお客様をフォローするグループと古いお客様をフォローするグループに分ける。古くからのお客様を重点的に回ることにする。Check（評価）では、それによってリプレース注文として売上げを回復させることができる。Action（改善）では、寿命が近づいている商品については、古いお客様へ積極営業するという営業基準を作成します。

もう一つ考えてみましょう。「在庫が多いのではないか」のテーマに関して。

マンション販売部門で、ある新築物件全三〇戸のうち五戸が長く売れ残っている。Plan（計画）は早く売りたい。Do（実行）ではどうすればよいか。マップ作戦、フラッグ思考方式、KJ法を使って解決策を書き出す。みんなでよく考えた結果、販売済みの二五戸分の利益が予定より上回っていることがわかり、その財源を未売約五戸の価格を損しない範囲で値下げするための財源に使うことを決める。Check（評価）では、作戦が成功して完売を達成できた。これは、個では五戸の販売に関しては正しいことをやっていたが、全体すなわち三〇戸の販売分析として五戸の値下げを早急に決めていれば、もっと早く完売にこぎ着けることができた。Action（改善）として、個の価格は全体の売上高をみて柔軟に変えること。個を淡々と正しいことをやっていても、全体を見れば間違ったことをやっていたことになる。全体感をもって仕事をすること。これは難しく言えば、合成の誤謬《ごびゅう》ということか。これを営業の基準に加える。

スポーツ分野での論理展開

スポーツの分野でも、まったく同じPDCAの考え方で動いています。ある大学のバスケットボール部の事例をご紹介しましょう。（132ページ参照）

Plan（計画）はインカレ（インターカレッジ＝大学対抗スポーツ競技大会）での優勝です。現状認識としては、良い選手が入学してこないから、育てていくしかない。良い指導者がいる。差別化できるのは〝考えるバスケット〟。

Do（実行）。では、どんな方法で育てるか。四年間で育て上げるカリキュラムを組む。

スポーツ分野での論理展開。(同じくPDCAの考え方で進められている)。

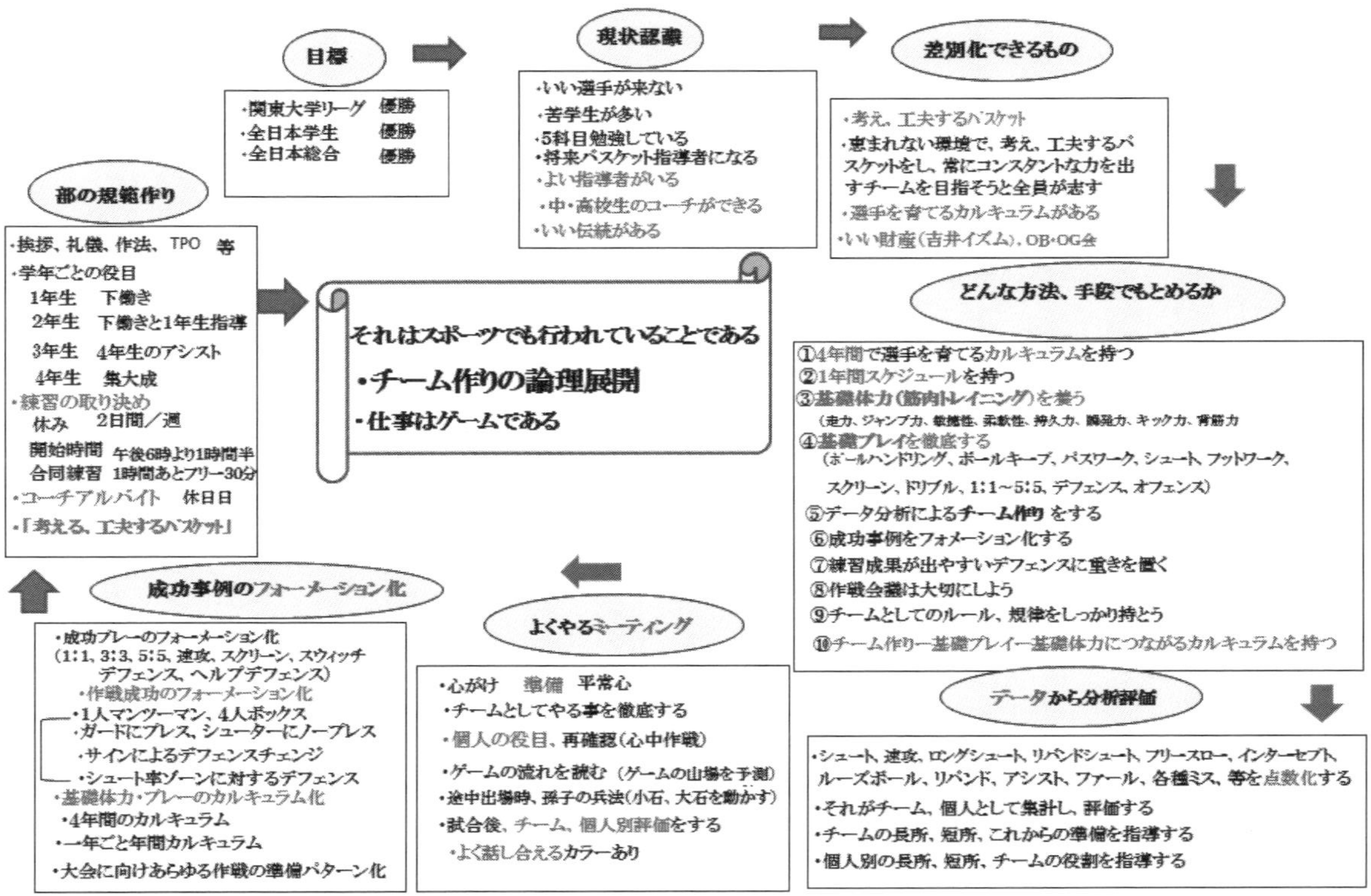

基礎筋力トレーニングをきっちり必ずやる。特にディフェンスに重きをおき、研究し練習に徹する。基礎プレー1：1、2：2、3：3、4：4、5：5に分解し練習。成功事例をフォーメーション化。常に作戦会議を開き、個人の役割を認識させる。部の規律をみんなでしっかり決める。

たとえば練習時間は夕方六時からと決める。昼間は、将来先生になる学生がほとんどで、苦学生が多かったので、必ず授業に出るが、もし出ないときはアルバイトを奨励。木・日曜日の練習は休み。休みの日は勉強かコーチアルバイトをする。合同練習は短く、効率と集中を心がける。このやり方が、かえって団結心を強くした。

Check（評価）。練習ゲームをやりながら成果を確かめていく。

Action（改善）。成功したものはカリキュラムとして残して、継続を図る。失敗したものは反省し、工夫し、改善していく。

これは私の経験した約五〇年前の話ですが、いまも基本は変わっていません。めざすのはやはり〝考えるバスケット〟です。

もう一つ付け加えたいのは、その大学で私の就活セミナーを開いたときのエピソードで

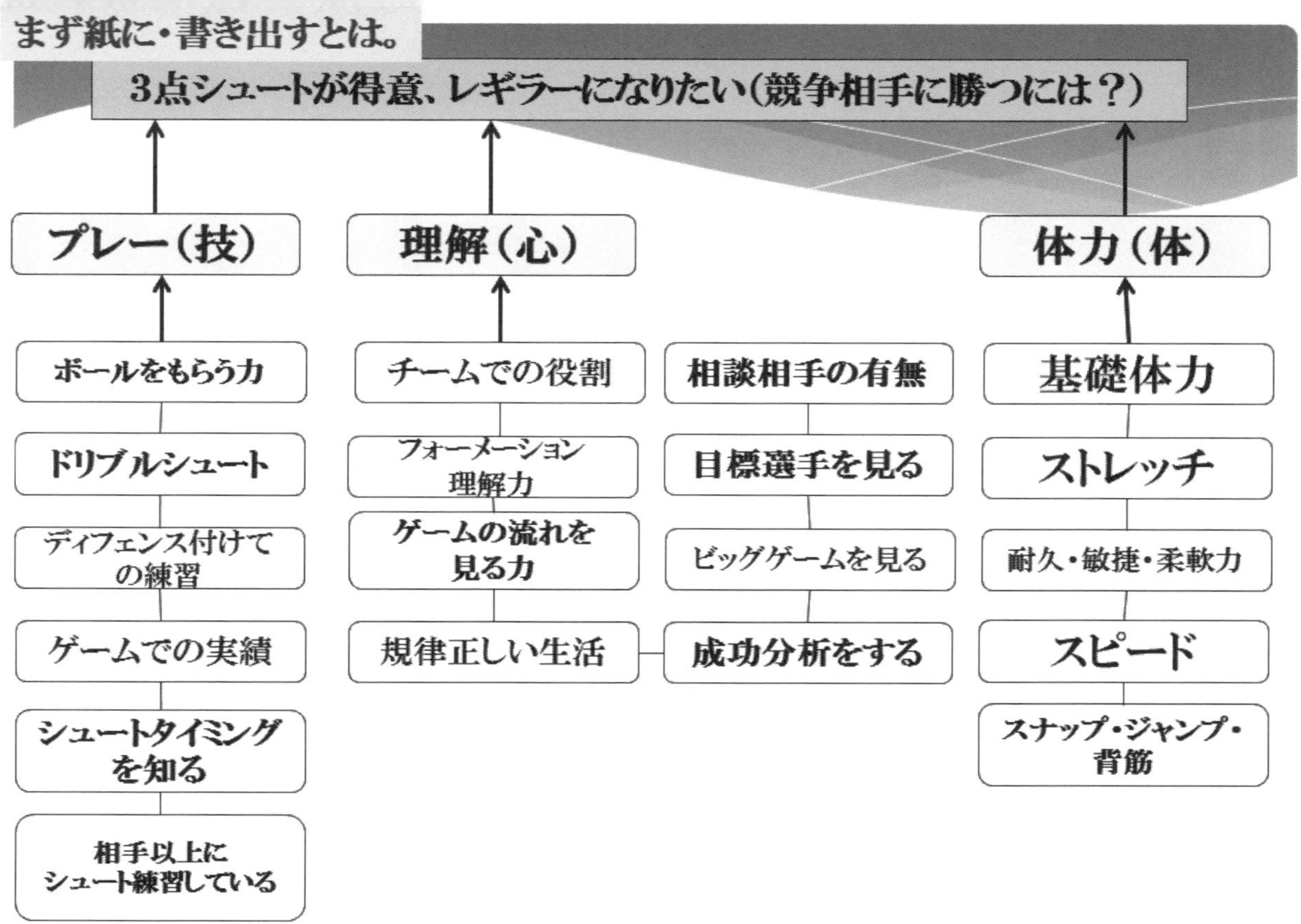

まず紙に・書き出すとは。
3点シュートが得意、レギラーになりたい（競争相手に勝つには？）
プレー（技）
理解（心）
体力（体）
ボールをもらう力
ドリブルシュート
ディフェンス付けての練習
ゲームでの実績
シュートタイミングを知る
相手以上にシュート練習している
チームでの役割
フォーメーション理解力
ゲームの流れを見る力
規律正しい生活
相談相手の有無
目標選手を見る
ビッグゲームを見る
成功分析をする
基礎体力
ストレッチ
耐久・敏捷・柔軟力
スピード
スナップ・ジャンプ・背筋

す。ある大型選手が当日行われたユニバーシアード選手発表会で落選したにもかかわらず、セミナーに出席してくれました。そのとき彼に話したものです。選ばれなかった原因を何でもいいから紙に書き出してごらん、と。たとえば①フォローとバックアップシュートはできるが3点シュートができない②敏捷性に欠ける③ディフェンス力が弱い④基礎体力がない⑤積極性がない等々——セミナーで話したPDCAを基本にマップ作戦、フラッグ思考方式、KJ法を使って紙に書き出して考えてごらん、そしてコーチと相談してごらん、とアドバイスしました。これを機に考え、実行するスポーツパーソンになってくれることを期待しながら。（134ページ参照）

こういう方法を採り入れ、みんなで話し合うことによって、スポーツパーソン思考方式へと展開するんです。これはチームワークです。みんなで共通認識が持てて、スポーツの場合一人一人の役目ははっきりしてきます。しかも勝つか負けるかです。また、フォーメーションというのも重要です。サッカーでも、得点できるのは得点できるように選手が動いていくからですね。誰をブロックして、誰をノーマークにして、誰にボールを出すか、というフォーメーションプレイがあります。これも成功事例を標準化した一つです。

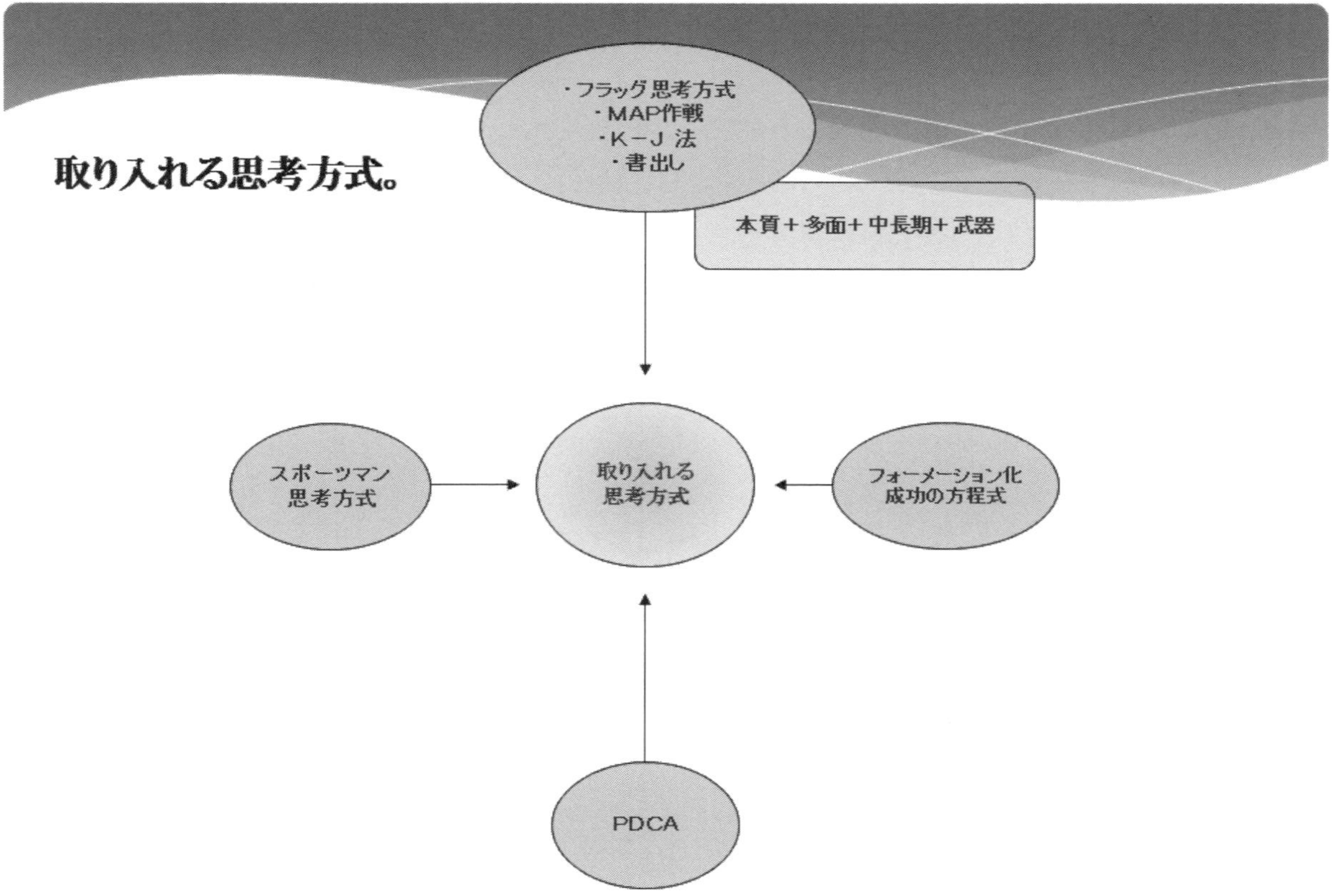
取り入れる思考方式。
・フラッグ思考方式
・MAP作戦
・K－J 法
・書出し
本質＋多面＋中長期＋武器
スポーツマン
思考方式
取り入れる
思考方式
フォーメーション化
成功の方程式
PDCA

仕事でも同じことです。成功事例を編み出し、標準化し、会社の財産として残していく。こういうソフトの財産を残そうという気運は日本の会社にはそう多くないように思う。個人も会社も、有形、無形の財産をどう残すか。逆にいえば、みなさんは後輩たちのために残す義務がある。成功事例をフォーメーション化しておくということです。

こういうやり方をすると、期待される効果も大きい。みんなで知恵を出し合い、考え、何時間もかけて話し合うわけです。そうすると動機付け、共通認識、使命感、責任感、やる気、折衝能力、視野、識見などがおのずと身に付く。だから、そういう作戦会議をいかに頻繁に設けることができるかどうかが分かれ目だと思います。

このように会社全体、実行部門、スポーツの分野の仕事はすべて論理思考、論理過程の基本はＰＤＣＡで動いていることがおわかりいただけたかと思います。そして、次にはＰＤＣＡ各ステップごとに書き出すことが大切です。（122ページ参照）

まず、マップ作戦。何でもいいから地図のように細かく挙げなさい。次に、フラッグ思考方式。何でもいいからフラッグとして書き出しなさい。そして、集まった情報をＫＪ法でまとめ、大分類から中分類、小分類へと整理して、優先順位をつけ、問題点を抽出して、

スポーツ経験が会社のこんなところで役立っている。

（仕事の流れ）	（スポーツの経験）
目標作成	・明確な目標はチームのポテンシャルをあげることをよく知っている。 ・武器、差別化出来るものを常に求めている。 ・それに向かって準備していくことの大切さを経験している。
実行案作成 （WHAT、WHO、WHEN、HOW）	・目標達成のため何をするのか考えることに慣れている。 ・実行案を具体的にすることの大切さを知っている。 ・試合、練習、合宿、などスケジュール管理に慣れている。
実　行	・まず行動し、下積みを経験しているので嫌な仕事でも進んでできる。 ・やってみることの大切さを知っている、粘り強く、忍耐強い。 ・チームの中での自分の役割をよく理解して動ける。
実績検討	・試合ごとに実績出ること、実績が大切であることを知っている。 ・目標・勝つことの大切さ・嬉しさを経験している。 ・勝敗の原因分析、追求を知っている。
報告書作成 （分析、評価）	・試合でいつも評価されている。勝ち・負けの分析は徹底している。 ・縁の下の力持ちが誰か見ることができる。 ・フォーメーション、カルキュラム、ミーティングの大切さを知っている。
仕事に取り組む姿勢	・はきはきして、礼儀正しいく、行動がはやい。 ・一人一人力をつけること、皆がまとまる大切さを知っている。 ・一声運動、ムードメーカにもなれ、人間関係を大切にする。

解決策を考えていくことです。（136ページ参照）

目標達成は思考力できまる

（140ページ参照）

先ほどからＰＤＣＡという用語が繰り返し登場していますが、ここであらためて整理しておきましょう。

会社の仕事にしろスポーツにしろ、すべてがこのＰＤＣＡで処理されていることがご理解いただけたかと思います。考えて、計画して、それを実行して、良いものは残し、悪いものは反省してもう一度やり直す。目標があって、作戦があって、実行があって、評価があって、成功事例を標準化する。その上でフォーメーションをつくる。

それぞれの思考過程の中で大切なことがあります。目標の段階では、現状を認識した上で、できるだけ本質的、多面的な、中長期にわたる、武器となる、新規なものを織り込む。作戦はどういう準備をし、どういう工夫をするか、障害は何か。これを５Ｗ＋１Ｈ（What/

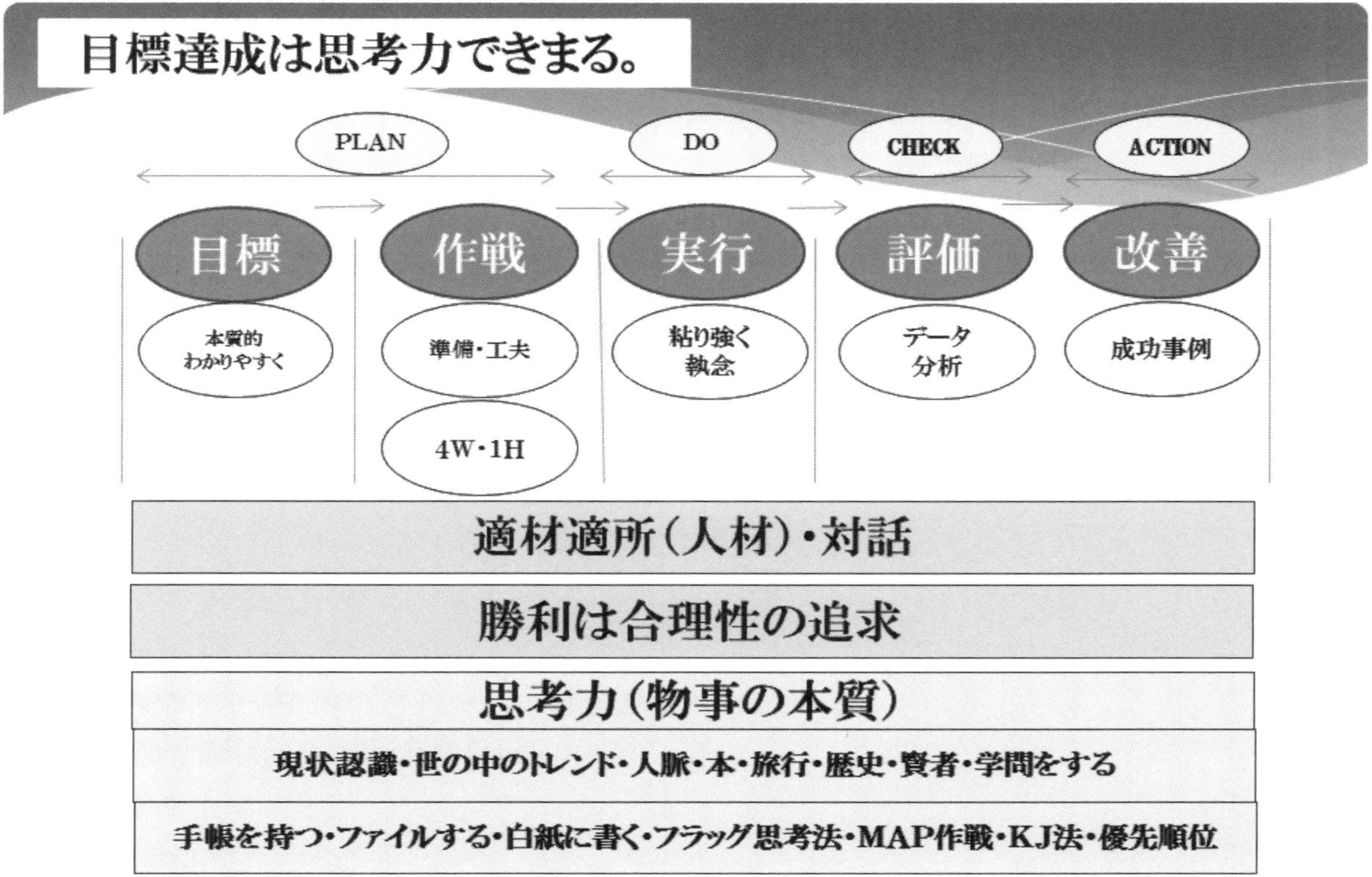

＊　著書「考え方」（稲盛和夫）　考え方（考えること）×熱意×能力＝人生・仕事の結果

When/Where/Who/Why/How）を中心によく考えることです。

実行の段階は、くれぐれも言っておきますが、粘り強く。粘り強さは意志の強さに比例します。意志の強さは達成感の強さに比例します。意志が強くない限り、粘り強さは発揮できないんですね。意志の強さとは何かといえば、達成したときの喜び、達成感がイメージできるかどうかです。それによって粘り強さが決まってくる。

評価の段階では、いかにデータ分析ができるかに尽きます。分析力がないとPlanもDoも意味がありません。

コマツの坂根正弘相談役の話を先ほどしましたが、そのときにこんなふうにもおっしゃっていた。ブルドーザーというのは土地を平らにするわけですが、機械を無人化したとき、ドローンから何万件というデータを提供されたそうです。そのデータを使って一ミリ、二ミリ単位の調整ができたんだと。それから、林業の話もされていました。いまスウェーデンでやっていることは、いまのマーケットはどういう木の種類のどういうサイズが売れるからそれを伐採しなさいと端末に連動して指示を出す。これはみなデータなんです。コンビニでも売れ筋商品はＰＯＳに連動してすぐに補填される。

そして、標準化。アメリカがすばらしかったのは、こういうふうに作業すればいいんだという、仕事の標準化を成し遂げたことです。標準化というのは成功事例を分析しているからできるんです。

もう一つ大切なのは、やはり人材です。適材適所といいますが、よく考えることができる人を起用しないといけない。もちろん一人の知恵だけではどうにもなりません。対話の必要性ですね。

いまの時代、何もかも忙し過ぎて、利益・合理化・スピード優先で、人間の頭も目の前の仕事をこなすことに精一杯です。なかなか考える時間も機会もない。しかし、初めにどういう作戦でいくのかよく考えることが必要です。商売は契約がスタートです。ゼネコンでも設計がもっとも大切です。そこにエネルギーを費やして、どういう設計にすれば低コストで丈夫な建物ができるのか。何が大切な仕事で、どのときに作戦会議を持ち、議論しておくが大切なのかを考えないで、問題が出てから考える無駄をむざむざと冒している会社が多いように思います。仕事の初めの作戦会議で上層部と部下とで議論しておくことが大切です。これこそ勝利への合理性の追求です。

以上が、思考過程でよく注意してほしい点になります。なくてはならないのは、思考力です。物事の本質を考える力です。それは現状認識であり、世の中のトレンドをつかむことであり、人脈を持つこと、本を読むこと、旅行をすること、賢者の言葉に耳を傾けること、突き詰めれば学問をするということです。藤原正彦著『国家と教養』にも「人間にとって最も大切なのは人と付き合い、本を読み、旅することだ」と書かれています。こうしたことを通じて思考力を養うことができる、といわれます。

では、思考力が身に付いたら次にどうすればいいのか。

私が差し上げるヒントは、先ほど申し上げたように、まず一冊の手帳を持ちなさいということ。気が付いた問題点やこうしたいということを書き込む。そして、これはという新聞記事などをスクラップしてファイルする。その上で、大切なのは紙に書くということです。紙に書くことで考え方がまとまってくる。本のページで紹介した外山滋比古著『思考の整理学』にも「とにかく書いてごらんなさい」と書かれています。それがフラッグ思考方式であり、マップ作戦です。そして、KJ法に基づいてテーマを分類、整理し、優先順位を付けて問題点を抽出し、解決策を考え、実行していくことです。

これと同じようなことを京セラ創業者の稲盛和夫さんが著書『考え方』の中で述べておられます。いわく「考え方×熱意×能力＝人生・仕事の結果」と。

私はこの「考え方」を「考えること」にしたほうがよりわかりやすいかと思います。「熱意」は先ほど言った「しつこさ」です。「しつこさ」は意志の強さに比例します。「能力」は先ほど紹介した八項目。それらが加算されて仕事の結果となる。

強いチーム、強い会社をつくるには

エディー・ジョーンズ氏というラグビーの指導者がいます。二〇一五年のワールドカップで南アフリカに勝ったとき（〝史上最大の番狂わせ〟と世界中を騒がせました）の日本代表のヘッドコーチです。その後イングランド代表のヘッドコーチに就任しました。そし

（146ページ参照）

て、もう一人、ゴールドマン・サックス日本法人代表取締役社長の持田昌典氏。彼は学生時代はラグビー部の副将を務め、学生日本代表にも選ばれている。この二人の共著『勝つための準備』（講談社・一五四〇円）というのがあります。この本にはスポーツだけでなく仕事にも通じるヒントが詰まっている。

内容をかいつまんで要約すれば、こうなります。

まず、チームとして志をしっかり持つこと。その目標を達成するための準備をし、工夫しながら実行し、努力すること。そして、現状のチームの力を理解しながら、世界にどの程度通用するものなのかを判断し、ベスト4に入ろうとかいった目標を明確に示す。そのための準備は工夫させることだ。トレーニング、作戦、栄養学などのブレーンを適材適所に持ちつつ、人材を育てることだ。選手との対話も必要で、選手をハングリーにさせるためにに常に新しい目標を持たせ、勝ったときの喜びを教えることで動機付けにつなげる。勝利は合理性の追求である。人のやっていないことを粘り強く、努力し、実行する。――というようなことが書いてあります。

以下は繰り返しになりますが、特に私が強く訴えたいことですので、確認の意味で再度

強いチーム、強い会社には。

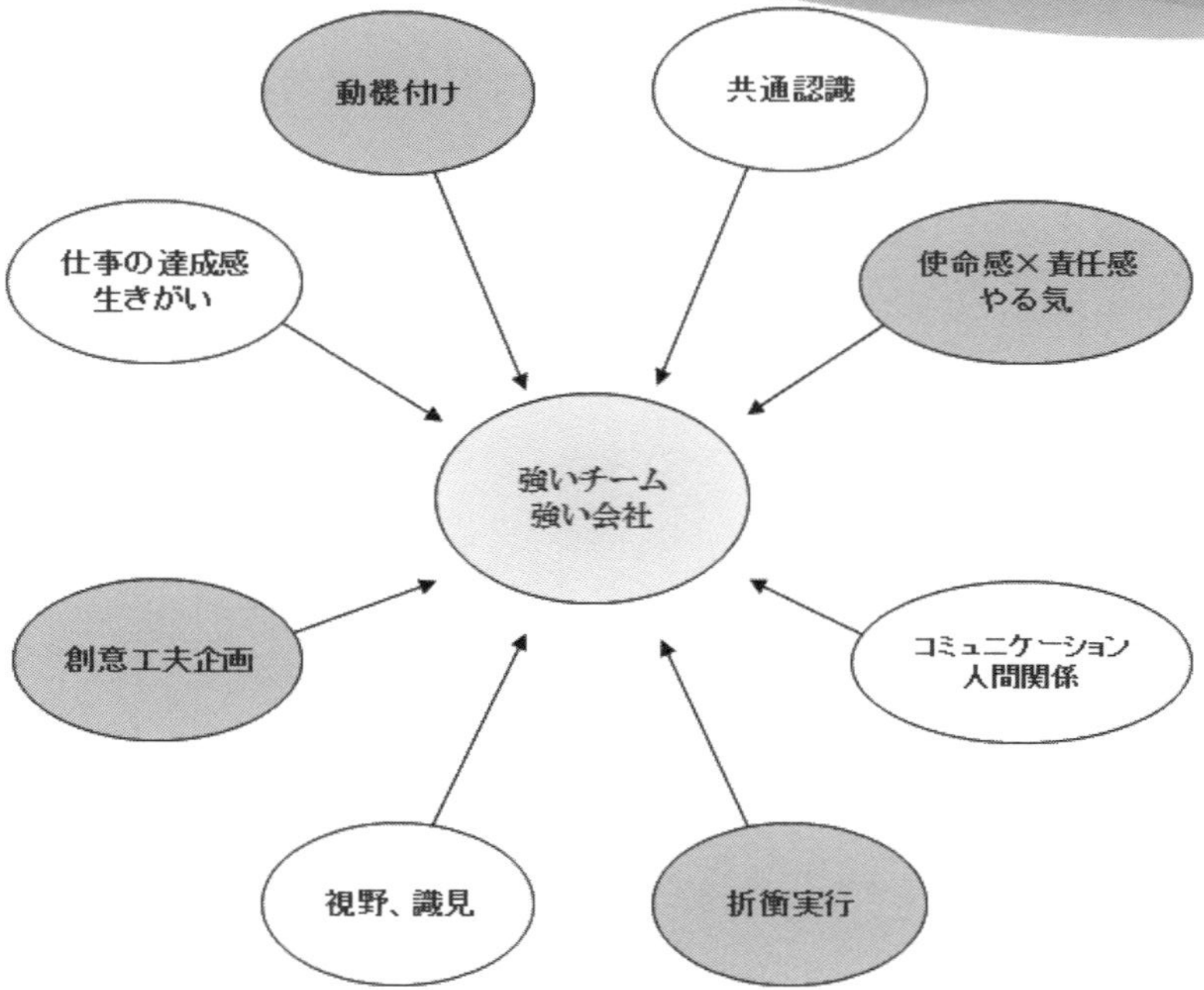

まとめさせていただきます。

強いチーム、強い会社をつくるには、要するに先ほど来申し上げているように、仕事はすべてＰＤＣＡで動かすということ。そして、ＰＤＣＡそれぞれの段階でマップ作戦、フラッグ思考方式、ＫＪ法を用いてよく考えることです。考えるというのは思考力のことです。

では、思考力はどのようにすれば身に付くのか。本を読む、人の話を聞く、旅に出る、現状認識、世の中のトレンドを知る、そして大切なのは学問することです。

思考力が身に付けば、そのあと具体的にどのようにすればいいのか。

常に手帳を持ちメモする、いい資料はファイルする、そして紙に考えていることを何でもいいから書き出すことです。次にそれをＫＪ法により大分類、中分類、小分類に分け、優先順位をつけ実行することです。

実行するのに大切なことは、一つは準備すること。目標を達成し勝つために、何をいつまでにやるかという計画を立てる。結果は準備に比例します。二つ目は、粘り強いこと。粘り強さは意志の強さ、動機付け、やり遂げた意味合いに比例します。上司による動機付けがいかに大切か。そういう上司がいない場合は自分自身で動機付けを行う。三つ目は、話し合うこと。一人の力には限界があります。いかに対話していくか。これが共通認識、使命感、責任感、動機付け、仕事の達成感、生きがいに通じます。**（146ページ参照）**最後は、強いチーム、強い会社をつくるにはこういったことができる人材、こういったことをやらせる人材を持つこと。こういったことができる人材を育てることです。これが決め手になります。

何よりも、考えることが大切。それを習慣化すれば、その人の能力になります。そうすれば考え方が変わり、行動が変わり、習慣が変わり、人格が変わり、人生が変わる。

企業が求める人材、スポーツ界が求める人材とは、考えることができる人材である。これが私なりの結論です。

＊＊＊＊＊

これでこの研修セミナーを終わりたいと思います。

鈴木会長、西村社長をはじめ、幹部のみなさん、そして一一〇人の社員のみなさん、二時間以上にわたる長い間、私のセミナーをお聞きいただきありがとうございました。

SECエレベーターは創業五〇周年を迎えられ、これからもエレベーターメンテナンス・リニューアルの業界のトップランナーとして飛躍され、その上さらに、「お客様第一主義」「社会に貢献する」をモットーに、SDGsに沿った新規事業として、ダイオキシンなどを発生させない小型ゴミ焼却炉が開発されていることや、デジタルサイネージ、LED照明、再生可能エネルギー分野への挑戦を続けられているなど、ますますの発展を遂げられることを期待しています。

そして、それを支える原動力となるのは、きょうお話しさせていただいたように、みなさんの〝考える力〟です。がんばってください。

監修の言葉

弊社の社訓、そして私が日頃よく話している内容をまとめた語録を本書にわざわざ引用、掲載していただき恐縮に存じます。

これらを達成、実現するにはどうすればよいのかを、わかりやすく説明していただいたというのが、今回のセミナーを聴講しての感想です。

もう一つは、私もスポーツが好きで、現在はとりわけボクシング界を応援しています。丸山さんが大学の体育会の学生を対象にした就活セミナーを十数年来続けられているということを知り、今回のセミナーでその内容をお聞きしたところ、心技体の必要性を熱っぽく語られ、私も感ずるところ大でありました。

そこで、仕事とスポーツの話を合わせて、ビジネスパーソンにもスポーツパーソンにもお役に立てればと思い立ち、このほど本書の出版へこぎ着けたようなわけです。お読みいただいて何かしら得られるものがあれば、これにまさる喜びはありません。

エス・イー・シーエレベーター株式会社　代表取締役　鈴木 孝夫

あとがき

この不確実な時代、どうすればよいのか。

私はビジネスの世界に半世紀以上、スポーツの世界にも同じく半世紀以上にわたって関わってきました。

「仕事はゲームである」

常にこの思いで、やってきました。

こうした貴重な経験から得たものは、なるべく漏らさず本書に網羅させていただきましたが、要するに答えは「よく考えること」に尽きるかと思います。

その意味で、若きビジネスパーソン、スポーツパーソン諸君のお役に立てればと思っているところです。

最後に、この本の出版にたいへんご尽力いただいたＳＥＣエレベーター（株）、（株）テクノシステム、筑波大学バスケットボール部、青山ライフ出版（株）の関係者のみなさん、ライターの藤原邦洋さん、編集の高橋範夫さん、そして新日鐵時代にお世話になった木原誠（元九州石油社長）、吉田伸彦（元三晃金属工業社長）、高畠康一（ニッテイグループ顧問）の諸氏、さらに（株）ウエストホールディングス会長の吉川隆さん、電気保安協会の斎藤康忠さんに感謝申し上げます。お世話になり、ありがとうございました。

丸山　博司

■著者

丸山 博司（まるやま ひろし）

1941年奈良県奈良市生まれ。東京教育大学卒業。八幡製鐵（現日本製鉄）に入社。九州支店長、日鉄ライフ（現日鉄興和不動産）専務。日鉄物流副社長。スカイコート賃貸センター社長を歴任。現在、テクノシステム監査役。

一方、1963年、第一回バスケットボールナショナルチームに選出され、ユニバーシアード代表選手にもなる。2012年、日本バスケットボール協会評議員を務める。

現在は大学で体育会学生に就活セミナー、企業で研修セミナーを行っている。

■監修者

鈴木 孝夫（すずき たかお）

1943年岩手県生まれ。三菱系エレベーター会社を経て、1967年に独立創業し、鈴木エレベーター工業（現在のＳＥＣエレベーター）を1970年に設立。

独立系エレベーター保守会社という新しい業態を日本に誕生させる。エレベーターの構造を知り尽くす「技術屋」でビジネス面でもエレベーター業界の風雲児として活躍している。

著書に「技術屋が語るユーザーとオーナーのためのエレベーター読本」（ころから株式会社　2017年）がある。

ビジネスパーソン&スポーツパーソン
企業が求める人材

著　者　丸山 博司
監修者　鈴木 孝夫
発行日　2020 年 1 月 24 日
発行者　高橋 範夫
発行所　青山ライフ出版株式会社
〒 108-0014 東京都港区芝 5-13-11 第 2 二葉ビル 401
TEL：03-6683-8252
FAX：03-6683-8270
http://aoyamalife.co.jp
info@aoyamalife.co.jp
発売元　株式会社星雲社（共同出版社・流通責任出版社）
〒 112-0005 東京都文京区水道 1-3-30
TEL：03-3868-3275
FAX：03-3868-6588

ISBN978-4-434-26812-0